Aktien für Einsteiger

**campus concret
Band 22**

Werner Schwanfelder, Finanzexperte, ist bei einem multinationalen Unternehmen beschäftigt. Seit Jahren publiziert er zum Thema Geldanlage und tritt als Experte in Fernsehsendungen auf.

Werner Schwanfelder

Aktien für Einsteiger

Schritt für Schritt zum Anlage-Erfolg

Campus Verlag
Frankfurt/New York

Das Werk wurde nach den Regeln der neuen Rechtschreibung verfasst.

Die Deutsche Bibliothek – CIP-Einheitsaufnahme

Schwanfelder, Werner:
Aktien für Einsteiger : Schritt für Schritt zum Anlage-Erfolg /
Werner Schwanfelder. – 3. Aufl. –
Frankfurt/Main ; New York : Campus Verlag, 1998
(Campus concret ; Bd. 22)
ISBN 3-593-35811-5

3. Auflage 1998

Das Werk einschließlich aller seiner Teile ist urheberrechtlich geschützt.
Jede Verwertung ist ohne Zustimmung des Verlags unzulässig. Das gilt
insbesondere für Vervielfältigungen, Übersetzungen, Mikroverfilmungen
und die Einspeicherung und Verarbeitung in elektronischen Systemen.
Copyright © 1997 Campus Verlag GmbH, Frankfurt/Main
Umschlaggestaltung: Guido Klütsch, Köln
Umschlagabbildung: © The Image Bank
Satz: Satzspiegel, Nörten-Hardenberg
Druck und Bindung: Friedrich Pustet, Regensburg
Gedruckt auf säurefreiem und chlorfrei gebleichtem Papier
Printed in Germany

Inhalt

Der Einstieg lohnt sich 11

1. Von Aktie bis Aktionär 14

Am Anfang steht die Aktiengesellschaft 14
Was ist eine Aktie? 18
Wem gehören die Aktien? 21
Welche unterschiedlichen Aktien gibt es? 22
Inländische und ausländische Aktien 26
Welche Rechte hat der Aktionär? 27
Was geschieht auf der Hauptversammlung? 28
Was versteht man unter dem Jahresabschluss? 30
Was bedeutet eine Kapitalerhöhung? 34
Wie funktioniert das Bezugsrecht? 36
Was ist eine Gratisaktie? 38
Was ist eine Neuemission? 40
Wie viel ist die Aktie wert? 42
Was ist die Dividende? 43

2. Rund um die Börse 47

Was versteht man unter Börse? 47
Präsenzbörse und Computerbörse 49
Die verschiedenen Handelsarten 51
Was bedeuten die Handelsarten für den Aktionär? . . . 55
Was versteht man unter variablem Handel und
   Kassahandel? 56
Wie geht es an der Börse zu? 58
Die Sprache der Börse 59

3. Der Aktionär als Geldanleger 61

Welche Ziele hat ein Geldanleger? 61
Was versteht man unter Liquidität einer Aktienanlage? . 63
Welche Sicherheit bietet eine Aktienanlage? 64
Wie bestimmt sich die Rendite von Aktien? 66
Aktiengewinne und die Steuer 68

4. Aktieninvestment praktisch 71

Wer hilft beim Aktiengeschäft? 71
Wie kauft man Aktien? 73
Wie werden Aktien aufbewahrt? 74
Wie verkauft man Aktien? 75
Was kostet die Aktienanlage? 76
Die eigene Erfolgskontrolle 77

5. Analyse und Kennzahlen 80

Vor der Strategie steht die Analyse 80
Was versteht man unter Globalanalyse? 81
Was ist die Fundamentalanalyse? 84
Was besagt die technische Analyse (Chartanalyse)? . . . 87
Welche weiteren Analysemethoden gibt es? 91
Wichtigste Kennzahl: der DAX 93
Welche weiteren Indizes gibt es? 97
Wie kann man den Index nutzen? 100
Welche Bedeutung hat das KGV? 102
Welche Bedeutung hat die relative Stärke? 103
Was sagt die Dividendenrendite aus? 104
Was ist Volatilität? 105
Was ist der Beta-Faktor? 106
Die Angst vor dem Börsencrash 107

6. Wie liest man den Wirtschaftsteil der Zeitung? 109

Der DAX als Maßstab 109
Die Aktie im Blickpunkt 111
Fortlaufende Notierungen 113
Amtlicher Handel (Kassakurse), geregelter Markt
   und Freiverkehr 115
IBIS-System 118
Bezugsrecht-Handel 119
Lesehilfe: Kurszusätze 119
Lesehilfe: Abkürzungen 121
Aktienkurse ausländischer Börsen 122
Devisenkurse 123
Informationen über Kennzahlen 124
Wo gibt es die Börseninformationen? 124

7. Nun beginnt die Strategie 128

Der strategische Ansatz 128
Kaufstrategie: Standardwerte oder Nebenwerte 129
Kaufstrategie: Den DAX nachbilden 131
Kaufstrategie: Auswahl nach relativer Stärke 132
Kaufstrategie: Auswahl nach Bewertung
  gegenüber Index 134
Kaufstrategie: Auswahl nach KGV 136
Kaufstrategie: Auswahl nach Dividendenrendite 137
Verkaufsstrategie: Auswahl nach relativer Stärke 137
Verkaufsstrategie: Auswahl nach Bewertung gegenüber
  Index 139
Verkaufsstrategie: Auswahl nach KGV 140
Verkaufsstrategie: Auswahl nach Dividendenrendite . . . 141
Verkaufsstrategie: Auswahl nach Zielvorgaben 142

8. Anlagen zwischen Aktie und Anleihe 143

Was ist eine Optionsanleihe? 143
Welche Informationen über Optionsanleihen sind
  notwendig? 145
Was ist eine Wandelanleihe? 145
Welche Informationen über Wandelanleihen sind
  notwendig? 147

9. Professionell gemanagte Aktienanlage: Investmentfonds ... 148

Was ist ein Investmentfonds? ... 148
Wie kann man die Fondsarten systematisieren? ... 150
Was ist ein Investmentzertifikat? ... 151
Wie erwirbt man ein Investmentzertifikat? ... 153
Was kostet das Engagement in einem Fonds? ... 155
Es gibt auch fast »kostenlose« Fonds ... 156
Was sind Länderfonds, was sind Umbrellafonds? ... 157
Sparpläne und Auszahlungspläne ... 159
Welche Informationen bietet die Presse? ... 164
Wie könnte eine Strategie mit Fonds lauten? ... 165

10. Spekulieren mit Aktien: Optionsscheine auf Aktien ... 170

Was ist ein Optionsschein? ... 170
Was sind Calls und Puts? ... 172
Wer emittiert Optionsscheine? ... 173
Der Markt für Optionsscheine ... 174
Wie kauft und verkauft man Optionsscheine? ... 176
Die Technik des Optionsscheingeschäftes ... 177
Wie lautet die Strategie mit Optionsscheinen? ... 179

Jetzt einsteigen ... 181

Der Einstieg lohnt sich

Laut Statistik geben die Deutschen mehr Geld für Bananen aus als für den Erwerb von Aktien. Während sie für Bananen im Monat durchschnittlich etwa 7 DM übrig haben, bringen sie für Aktien vergleichsweise nur 1,22 DM auf. Ist Deutschland also eine anlagepolitische Bananenrepublik? Manches spricht tatsächlich dafür. Prozentual gesehen gibt es in den USA viermal so viele Aktionäre wie in Deutschland, in Schweden sind es sogar achtmal so viele. Bei uns rangieren Aktien als Schlusslicht der Anlagearten. Und das ganz zu Unrecht. Denn die Statistik zeigt, dass Aktien eine der lukrativsten Anlageformen sind.

Wer 1985 10 000 DM investieren wollte, konnte unter verschiedenen Anlageformen wählen. Abhängig davon, für welche Anlageform er sich entschieden hat, kann er heute über unterschiedlich hohe Beträge verfügen.

Anlage von 10 000 DM in	*ergibt heute einen Betrag von*
Aktien	26 896 DM
festverzinsliche Wertpapiere	22 555 DM
Immobilien	19 874 DM
Festgeld (jeweils ein Jahr)	14 386 DM
Spargeldhaben (drei Monate Kündigungsfrist)	13 060 DM
Gold	5 740 DM

Noch interessanter wird der Vergleich, wenn man auch die ⇒ Steuer einbezieht. Denn der Finanzminister erhebt auf Zinsen und ⇒ Dividenden Steuern, jedoch nicht auf Wertgewinne. Das heißt Kursgewinne kann der Aktienanleger voll kassieren.

Ein Spitzenverdiener mit 50 % Steuerbelastung konnte im Zeitraum von 1985 bis heute folgende jährliche Rendite in Prozent einstreichen:

Aktien Deutschland	10,4
festverzinsliche Werte Deutschland	4,5
Geldmarkt Deutschland	3,2

Nun muss man auch noch die Inflation mit einbeziehen.

Dann kommt man zu folgendem Ergebnis:

Aktien Deutschland	7,6
festverzinsliche Werte Deutschland	1,5
Geldmarkt Deutschland	0,5

In jedem Vergleich hat die Aktie um Längen gewonnen. Und dennoch schenken ihr nur so wenige Geldanleger ihre ungeteilte Aufmerksamkeit. Warum?

Die Gründe dafür mögen vielfältig sein. Einer davon besteht sicher darin, dass das Geschäft mit den Aktien als eine hochkomplizierte Angelegenheit erscheint, der sich nur gewiefte Profis souverän annehmen können. Der geheimnisvolle DAX, die irritierenden Zahlenkolonnen im Wirtschaftsteil der Zeitungen und die Fernsehbilder aus den heiligen Hallen der Börse tun ein Übriges, um den Eindruck zu verstärken, es handele sich hier eher um ein Insider-Geschäft, woran die Teilnahme von Otto Normalbürger nicht vorgesehen ist.

Dieses Buch will gegen dieses Image angehen. Schritt für Schritt wird der Leser oder die Leserin in die Welt der Aktien eingeführt, um sich am Ende sicher darin bewegen zu können. Dabei werden zunächst *Informationen* gegeben und die *Theorie* etwas erläutert. Dann aber folgt schon die *Praxis*. Die Praxis-Bausteine lassen sich sofort umsetzen und widmen sich ganz konkreten Fragen: Wie tue ich was?

Die ersten Bausteine sind einfach, aber so nach und nach

werden die Themen dann komplizierter. Sollte der Leser zwischendurch den »roten Faden« verlieren, hilft ihm ein Netz von Verweisen, wieder auf den richtigen Weg zu kommen.

Dieses Buch ist ein Leitfaden, wie man Aktionär wird. Es lädt ein, sich am attraktiven Aktienspiel zu beteiligen.

⇒ Steuern: s. Kap. 3, Aktiengewinne und die Steuer, S. 68
⇒ Dividende: s. Kap. 1, Was ist die Dividende? S. 43

1.
Von Aktie bis Aktionär

Am Anfang steht die Aktiengesellschaft

Viele Unternehmen führen hinter ihrem Namen die beiden Großbuchstaben AG. Bei diesen Unternehmen handelt es sich um Aktiengesellschaften, Unternehmen in einer ganz besonderen Rechtsform. Aktiengesellschaften entstanden aus einem ganz einfachen Grund: Für manche Unternehmungen benötigt man so große Kapitalmengen, beispielsweise um Flughäfen zu erbauen und zu betreiben, die eine einzelne Person alleine nicht zur Verfügung stellen kann. Mehrere Finanziers schließen sich also zusammen, um große Investitionsvorhaben in Angriff zu nehmen, und gründen ein Unternehmen, an dem die einzelnen Finanziers in Höhe ihrer Beteiligung einen Anteil erhalten. Diese Anteile werden mit anderen Worten auch als Aktien bezeichnet. Nach deutschem Recht müssen mindestens fünf Aktionäre zusammen 100 000 DM aufbringen, um eine Aktiengesellschaft zu gründen.

> Die Aktiengesellschaft ist ein Unternehmen, dessen Kapital in Aktien aufgeteilt ist.

Betrachten wir an einem Beispiel, wie die Gründung einer Aktiengesellschaft aussehen kann:

Vier Freunde wollen eine Fahrradfabrik gründen. Sie entscheiden sich für die Form einer Aktiengesellschaft. Drei von ihnen bringen Barvermögen von jeweils 50 000 DM ein, der Vierte hat eine Lagerhalle geerbt, die er der Aktiengesellschaft überschreiben und sich somit beteiligen will. Sie hat einen Wert von 100 000 DM. Doch etwas fehlt noch: Um dem Gesetz zu genügen, müssen sie ein weiteres Gründungsmitglied finden. Sie überreden einen Bekannten, mit 1 000 DM in die Gesellschaft einzusteigen, und können nun ihre Aktiengesellschaft gründen. Das Grundkapital der neu gegründeten Fahrradfabrik beträgt 251 000 DM.

Wenn es um einen Kapitalbedarf von 100 000 DM oder 250 000 DM geht, muss man nicht unbedingt eine Aktiengesellschaft gründen, denn diese Summe kann in vielen Fällen auch ein einzelner Investor aufbringen. In der Regel verfügt eine Aktiengesellschaft daher auch über ein Vielfaches an Grundkapital, und eine Vielzahl von Personen haben sich an der Aktiengesellschaft beteiligt. Mit ihrem finanziellen Einsatz wurden sie zu Aktionären und haben damit gleichzeitig das Recht erworben, an den Gewinnen des Unternehmens beteiligt zu werden.

> Die Aktionäre haben sich mit ihren Geld- oder Sachwerten an der Aktiengesellschaft beteiligt. Ihnen gehören die Aktien (Anteile) der Gesellschaft. Sie sind damit Miteigentümer, die sich das ⇒ Recht erworben haben, mitzubestimmen und an den Gewinnen des Unternehmens beteiligt zu werden.

An der Fahrradfabrik haben sich fünf Personen beteiligt. Diese fünf Personen sind die Aktionäre. Ihnen gehört die Firma – und zwar im Verhältnis ihrer Anteile. Den drei Freunden mit der 50 000 DM-Bareinlage gehören je 19,92 %; der Vierte, der die Lagerhalle einbrachte, verbucht 39,84 % der Anteile. Der fünfte Anteilseigner mit einer Einlage von 1 000 DM hat schließlich 0,4 % der Anteile.

Es gibt noch einen zweiten wichtigen Grund, ein Unternehmen in der Rechtsform einer Aktiengesellschaft zu gründen: Das ist die Regelung der Haftung. Sollte das Unternehmen tief in den roten Zahlen stecken und schließlich Bankrott anmelden müssen, haften die Anteilseigner einer Aktiengesellschaft nur bis zur Höhe ihres Anteils am Grundkapital. Darüber hinaus können sie nicht belangt werden, wohingegen bei Personengesellschaften der Unternehmer auch mit seinem Privatvermögen haftet. Wo das gesamte Grundkapital der Aktiengesellschaft zur Disposition steht, kann ein Verlust immer noch sehr schmerzlich sein, gleichzeitig haben die Unternehmenseigner aber die Gewissheit, dass das Privatvermögen nicht angegriffen wird, um Schulden zu tilgen.

> Eine Aktiengesellschaft haftet nur bis zur Höhe ihres Vermögens oder auch ihres Grundkapitals.

In Deutschland gibt es ungefähr 3 300 Aktiengesellschaften – von denen nicht alle an der Börse gehandelt werden. Das sind nicht viele an der Zahl, insbesondere, wenn man sie mit den weit über einer halben Million Unternehmen vergleicht, die die Rechtsform einer GmbH haben. Die Ungleichheit stammt noch aus der Zeit, als es einfacher und billiger war, eine GmbH zu gründen. Das Gründungskapital für eine GmbH beträgt nur 50 000 DM, also die Hälfte wie bei einer AG.

Wichtigstes Organ einer Aktiengesellschaft ist die ⇒ Hauptversammlung. Die Hauptversammlung ist (theoretisch) die Versammlung aller Eigentümer des Unternehmens. Sie bestellt die neuen Mitglieder des Aufsichtsrats, beschließt über die Verwendung des Bilanzgewinns und über die Entlastung von Vorstand und Aufsichtsrat. Weiterhin kann sie Satzungsänderungen beschließen.

Auf der Hauptversammlung der Fahrradfabrik treffen sich zunächst nur die fünf Eigentümer. Der Bekannte, der nur 1 000 DM investiert hatte, kann sich langfristig für das Fahrradge-

schäft nicht begeistern. Er beschließt, seine Anteile zu gleichen Teilen an vier Fahrradsportler zu verkaufen. Ihnen gehören daraufhin je 0,1 % der Fahrradfabrik. Sie werden nun auch zu den Hauptversammlungen eingeladen. Die Zahl der Anteilseigner an der Fahrradfabrik hat sich von fünf auf acht erhöht.

Natürlich sind nicht alle Anteilseigner ausreichend kompetent, um sich an den Unternehmensentscheidungen zu beteiligen. Sie wählen deshalb aus ihrer Mitte einen Aufsichtsrat, der verantwortlich ist, Vorstandsmitglieder zu bestellen und die Geschäftsführung des Vorstands zu überwachen.

Damit in größeren Unternehmen auch die Interessen der Belegschaft Berücksichtigung finden, ist über die Mitbestimmungsgesetze geregelt, dass Arbeitnehmervertreter eine gewisse Anzahl von Sitzen im Aufsichtsrat erhalten.

> Hauptversammlung und Belegschaft bestellen den Aufsichtsrat. Dieser bestellt den Vorstand, der wiederum für die Geschäftsführung des Unternehmens (der Aktiengesellschaft) verantwortlich ist.

Wie viele Mitglieder hat der Aufsichtsrat einer Aktiengesellschaft und wie werden sie gewählt? Das ist abhängig von der Betriebsgröße bzw. der Anzahl der Arbeitnehmer. Für Aktiengesellschaften bis zu 2000 Beschäftigten bestimmt das Betriebsverfassungsgesetz, dass der Aufsichtsrat aus mindestens drei, aber höchstens 21 Personen bestehen muss. Von diesen wählt die Hauptversammlung 2/3, die Belegschaft 1/3 der Mitglieder. Hat eine Aktiengesellschaft mehr als 2000 Beschäftigte, setzt sich der Aufsichtsrat zur Hälfte aus Arbeitnehmervertretern (darunter Gewerkschaftsvertreter) und zur Hälfte aus Vertretern der Anteilseigner zusammen. Den Aufsichtsratsvorsitzenden, der in Patt-Situationen zwei Stimmen hat, stellen die Anteilseigner.

Der Aufsichtsrat eines Montanunternehmens (Bergbau, Eisen- und Stahlindustrie) setzt sich hälftig aus Arbeitnehmer-

und hälftig aus Anteilseignervertretern zusammen. Hinzu kommt ein neutrales Mitglied, das von beiden Seiten gewählt wird.

Die Vertreter der Anteilseigner werden von der Hauptversammlung gewählt. Jede Aktie hat eine Stimme.

☞ *Eine Aktiengesellschaft ist ein Unternehmen, an dem sich viele Personen (die Aktionäre) beteiligen. Die Hauptversammlung ist die Versammlung aller stimmberechtigten Aktionäre. Sie und die Belegschaft wählen den Aufsichtsrat.*

⇒ Rechte: s. Kap. 1, Welche Rechte hat der Aktionär? S. 27
⇒ Hauptversammlung: s. Kap. 1, Was geschieht auf der Hauptversammlung? S. 28

Was ist eine Aktie?

Das Grundkapital einer deutschen Aktiengesellschaft setzt sich aus vielen Tausend Aktien zusammen, für die ein bestimmter ⇒ Nennwert festgelegt wurde. Meistens beträgt der Nennwert einer Aktie 5 DM oder 50 DM, er kann aber auch um ein Vielfaches höher sein, solange er – so will es das Aktiengesetz – durch 100 teilbar ist. Allerdings setzt sich die 5 DM-Aktie immer mehr durch. Der Nennwert einer Aktie muss nicht ihrem realen Wert entsprechen. Um z. B. eine Aktie im Nennwert von 5 DM der Siemens AG zu kaufen, muss der Käufer momentan ca. 100 DM hinlegen. Und wenn er sie Jahre später wieder verkauft, ist der reale bzw. der Kurswert hoffentlich weiter gestiegen. Der Nennwert bleibt jedoch immer konstant. Er verändert sich nicht.

> Das Grundkapital ist die »Grundausstattung an Kapital« oder anders ausgedrückt die Schuld des Unternehmens an die Aktionäre. Zusammen mit den Rücklagen (das sind Gewinne der Vorjahre, die nicht ausgeschüttet wurden) ist das Grundkapital das Eigenkapital eines Unternehmens.

Die Fahrradfabrik hat ein Grundkapital von 251 000 DM. Das sind 50 200 (Stück) 5 DM-Aktien. Diese Aktien verteilen sich auf die Aktionäre folgendermaßen: Die drei Freunde mit der 50 000 DM-Bareinlage verfügen über je 10 000 Aktien, der ehemalige Eigentümer der Lagerhalle hat 20 000 Aktien, die vier Radsportler können je 50 Aktien ihr Eigen nennen.

Die Aktie selbst ist ein Wertpapier. Sie hat damit den gleichen Stellenwert wie eine Banknote. Das bedeutet, eine Aktie wird auf Spezialpapier gedruckt, das vor Fälschungen weitgehend sicher sein soll. Die Aktie besteht aus zwei Teilen, dem Mantel und dem Dividendenscheinbogen. Auf dem Mantel steht der Name der Aktiengesellschaft und der Nennbetrag (der Anteil am Grundkapital: meistens 5 oder 50 DM). Wie Geldscheine auch tragen Aktien fortlaufende Kontrollnummern. Weiterhin weisen die Aktien ein Siegel und die Unterschriften des Vorstandes, des Aufsichtsrates und eines Kontrollbeamten auf.

> Die Aktie besteht aus einem Mantel und dem Dividendenscheinbogen. Sie lautet meistens auf einen Nennbetrag von 5 oder 50 DM.

Der Dividendenscheinbogen besteht aus 60 Gewinnanteilscheinen (auch Kupons genannt) und einem Erneuerungsschein (genannt Talon). Die Gewinnanteilscheine oder Dividendenscheine, fachmännisch ausgedrückt die Kupons, tragen die gleiche Kontrollnummer wie der Mantel. Die Gewinnanteilscheine sind sozusagen Gutscheine auf den Gewinnanteil des Unternehmens. Will man eine Dividendenzahlung erhalten, muss man den Kupon abschneiden und bei der Bank einreichen. Dann erhält man die ⇒ Dividende ausgezahlt. Sind die Kupons aufgebraucht, kann man mit dem Talon einen neuen Dividendenscheinbogen beantragen.

Das klingt reichlich kompliziert. In der Praxis sieht der Anleger heute jedoch kaum noch eine Aktie. Die Dokumentation und die ⇒ Verwaltung übernimmt die Bank. Man spricht in diesem Zusammenhang von Girosammelverwahrung. In diesem Fall erhält man von der Bank lediglich die Nachricht und Bestätigung, dass man eine bestimmte Aktie gekauft hat. Die Aktie selbst wird nicht ausgehändigt. Lediglich bei sogenannten Tafelgeschäften erhält man die Aktienurkunde, muss sie selbst aufbewahren und sich um die Kuponpflege selbst kümmern.

In unserem Beispiel der Fahrradfabrik kann natürlich jeder Anteilseigner seine Aktien selbst verwalten und verkaufen. Sobald jedoch mehr Grundkapital oder mehr Anteilseigner im Spiel sind, muss der Kauf und Verkauf von Anteilen anders organisiert werden: Die Aktiengesellschaft »geht an die Börse«. Das gilt für große Unternehmen wie die Telekom in gleichem Maße wie für eine kleinere Gesellschaft, etwa die Fahrrad AG.

Die Aktie ist ein Wertpapier. Sie dokumentiert einen Anteil am Grundkapital des Unternehmens. Die Aktie steht für das Anrecht des Aktieninhabers auf einen Gewinnanteil des Unternehmens. Die Dividende wird mittels der Gewinnanteilscheine des Dividendenbogens angefordert. In der Regel erledigt dies alles die Bank.

⇒ Nennwert: s. Kap. 1, Wie viel ist die Aktie wert? S. 42
⇒ Dividende: s. Kap. 1, Was ist die Dividende? S. 43
⇒ Verwaltung: s. Kap. 4, Wie werden Aktien aufbewahrt? S. 74

Wem gehören die Aktien?

Vielleicht ist es einmal ganz interessant zu wissen, wem die Aktien der deutschen Unternehmen eigentlich gehören. Man geht davon aus, dass der Kurswert der deutschen Aktien 1,7 Billionen DM beträgt. Den größten Teil dieser Aktien halten Unternehmen (entweder eigene Aktien oder die Aktien von anderen Unternehmen): Die Statistik besagt 42,1 %. An zweiter Stelle kommen bereits die privaten Haushalte mit 14,6 %. Dann folgen Versicherungen mit 12,4 %, Kreditinstitute mit 10,3 %, ausländische Anleger mit 8,7 %, Investmentfonds mit 7,6 % und der Staat mit 4,3 %.

Auch noch andere Zahlen sind interessant. Es gibt in Deutschland 4,2 Millionen Aktionäre. Das sind nicht viele, verglichen mit anderen Ländern, die eine im Verhältnis bis zu siebenmal höhere Zahl an Aktionären haben, wie die folgende Hitliste zeigt:

Anteil der Aktionäre an der Gesamtbevölkerung in Prozent

Tschechische Republik	57,0 %
Schweden	47,0 %
Kanada	25,0 %
Norwegen	23,0 %
USA	21,1 %
Großbritannien	15,8 %
Schweiz	14,0 %
Taiwan	12,5 %
Finnland	12,1 %
Frankreich	10,1 %
Japan	9,0 %
Singapur	8,3 %
Niederlande	5,8 %
Deutschland	5,5 %
Belgien	5,0 %
Österreich	4,0 %
Indien	1,8 %

✍ *Es gibt in Deutschland ca. 4,2 Millionen private Aktien-Anleger. Das bedeutet, lediglich 5,5 % aller deutschen Bürger sind Aktionäre. Sie besitzen knapp 15 % aller Aktien deutscher Unternehmen.*

Welche unterschiedlichen Aktien gibt es?

Es gibt unterschiedliche Arten von Aktien. Man kann Aktien grundsätzlich nach den folgenden Kriterien unterscheiden:

- nach den Rechten der Aktieninhaber
- nach den Möglichkeiten der Eigentumsübertragung von Aktien
- nach der Stückelung des Grundkapitals.

Nach dem ersten Kriterium unterscheidet man zwischen ⇒ Stamm- und Vorzugsaktie. Die *Stammaktie* ist die normale Form einer Aktie. Sie ist in den Börsenteilen der Tageszeitungen mit ⇒ »St«, »StA« oder auch gar nicht bezeichnet. Wichtig ist, dass die Inhaber von Stammaktien bei der Hauptversammlung voll stimmberechtigt sind.

Die Fahrradfabrik AG ist mittlerweile expandiert und an die Börse gegangen. Sie hat neues Kapital »getankt« und viele Aktionäre gewonnen. Alle herausgegebenen Aktien sind Stammaktien. Die Aktionäre X, Y und Z, die 10, 50 und 1 000 Aktien besitzen, haben damit alle die gleichen Rechte. Nur die Zahl der Stimmen, die sie jeweils haben, ist eben gemäß der Anteile unterschiedlich: 10, 50 oder 1 000 Stimmen.

Mit den *Vorzugsaktien* ist im Gegensatz zu den Stammaktien kein Mitbestimmungsrecht verknüpft. Sie werden in den Börsenzeitungen mit »V« oder »VZ« oder »VA« abgekürzt. Vorzugsaktien werden von Unternehmen herausgegeben, die zwar einen Kapitalzufluss benötigen, aber das alte Stimmrechtsverhältnis nicht ändern wollen. Im Austausch für ihren Verzicht auf Mitbestimmung erhalten die Eigentümer von Vorzugsaktien eine in der Regel etwas höhere Dividende, die sogenannte Vorzugsdividende.

Die Eigner von Vorzugsaktien können in unterschiedlicher Weise begünstigt werden:

- Aus dem ausschüttungsfähigen Gewinn werden zunächst die Vorzugsaktionäre bedient und dann erst die Stammaktionäre.
- Der Dividendensatz der Vorzugsaktien liegt über dem der Stammaktien.
- Möglicherweise wird Vorzugsaktionären eine Garantiedividende angeboten. Das heißt, die Aktionäre bekommen unabhängig von der Ertragslage des Unternehmens die vereinbarte Dividende ausgezahlt.
- Das Recht auf Dividendenzahlung besteht für Vorzugsaktionäre auch in Verlustjahren. Diese Auszahlungen erhöhen dann natürlich den Unternehmensverlust nochmals.

> Stammaktie und Vorzugsaktie unterscheiden sich nach den verbrieften Rechten. Stammaktionäre können auf der Hauptversammlung stimmen, Vorzugsaktionäre haben kein Stimmrecht.

TIP: Setzt man in seiner Aktienstrategie auf ⇒ Dividendenrendite, wird man in erster Linie Vorzugsaktien kaufen. Das Verhältnis Dividende zu Kurs ist bei Vorzügen besser als bei Stammaktien. Das heißt die Dividendenrendite ist höher.

Legt man als Kriterium die Möglichkeit der Eigentumsübertragung zugrunde, muss man zwischen Namens- und Inhaberaktie unterscheiden. Die *Namensaktie* ist die ursprüngliche Form der Aktie. Sie lautet auf den jeweiligen Namen des Aktionärs. Der Name des Käufers wird in das Aktienbuch der Gesellschaft eingetragen. Früher wurde der Name des Käufers sogar auf der Rückseite der Aktie vermerkt. Nur der registrierte Inhaber kann die Aktie verkaufen oder ist berechtigt, die Dividendenzahlung entgegen zu nehmen. Die Handhabung bei Kauf und Verkauf ist bei Namensaktien etwas umständlich. In den Kursübersichten der Tagespresse werden Namensaktien mit »NA« abgekürzt.

> Die Namensaktie lautet auf den Namen des Aktionärs. Nur er darf die Aktie veräußern, was den Verkauf kompliziert macht.

Selten, da in der heutigen schnelllebigen Zeit kaum praktikabel, sind vinkulierte Namensaktien. Bei vinkulierten Namensaktien muss der Vorstand Kauf und Verkauf genehmigen. Daher gibt es vinkulierte Namensaktien auch fast nur für Familienmitglieder der Gründerfamilie. In den Kursübersichten der Tagespresse werden vinkulierte Namensaktien mit »vink NA« abgekürzt.

> Vinkulierte Namensaktien können nur verkauft werden, wenn der Vorstand des Unternehmens dies schriftlich genehmigt.

Die Fahrradfabrik AG hat die Ursprungsaktien, die auf die vier Hauptgründer entfallen, als vinkulierte Namensaktien definiert. Damit soll sichergestellt werden, dass von den Erben keine größeren Pakete ohne Genehmigung des Vorstandes abfließen können und das Unternehmen somit in das Eigentum eines »ungeliebten« Aktionärs übergehen könnte. Sie wollen sich so auch vor »feindlichen« Übernahmen schützen, das heißt vor dem Kauf durch einen Konkurrenten, der das Unternehmen erwerben würde, nur um es hinterher gleich zu schließen.

Die *Inhaberaktie* ist in Deutschland am verbreitetsten, da sie auch am unkompliziertesten zu handhaben ist. Der Besitzer kann die Aktie jederzeit verkaufen und die Dividenden vereinnahmen. Sie eignet sich insbesondere für den Börsenhandel. In den Kursübersichten der Tagespresse werden Inhaberaktien mit »Inh.« abgekürzt.

> Die Rechte an der Inhaberaktie hat der Inhaber (= Besitzer). Er kann die Aktie jederzeit verkaufen oder die Dividende in Anspruch nehmen.

Eine weitere besondere Aktienart, die sich nicht so leicht der Systematik anpasst, ist die sogenannte *Belegschaftsaktie*. Wie der Name ganz richtig vermuten lässt, ist die Belegschaftsaktie eine Aktie (Anteil am Grundkapital), die der Belegschaft von der Firmenleitung zu Vorzugspreisen angeboten wird. Die Inhaber von Belegschaftsaktien haben die gleichen Rechte wie andere Aktionäre auch, das heißt sie erwerben ein Mitspracherecht an ihrem Unternehmen. Belegschaftsaktien haben häufig eine Sperrfrist von fünf Jahren. Das heißt erst nach dieser Zeit können die Aktien verkauft werden.

> Belegschaftsaktien werden zu Sonderkonditionen an die Belegschaft abgegeben. Sie können erst nach einer gewissen Sperrfrist verkauft werden.

Inhaberaktien eignen sich besonders für das Börsengeschäft. Stammaktien sind die Normalform von Aktien. Wer jedoch auf die Dividendenrendite achtet, ist mit Vorzugsaktien besser beraten. Belegschaftsaktien machen Mitarbeiter zu Eigentümern.

⇒ Stammaktien: s. Kap. 1, Welche Rechte hat der Aktionär? S. 27
⇒ St, StA: s. Kap. 6, Lesehilfe: Abkürzungen, S. 121
⇒ Dividendenrendite: s. Kap. 7, Kaufstrategie: Auswahl nach Dividendenrendite, S. 137

Inländische und ausländische Aktien

Neben den deutschen Aktien gibt es natürlich auch ausländische Aktien. Für die Anleger ist dabei wichtig zu beachten, ob es sich um Aktien eines ausländischen Unternehmens handelt, die an einer deutschen Börse gehandelt werden, oder um solche, die nur an ausländischen Börsen gehandelt werden.

> Unter ausländischen Aktien versteht man Anteile einer ausländischen Aktiengesellschaft. Ein wesentlicher Unterschied ist, ob die Aktie an einer deutschen oder an einer ausländischen Börse gehandelt wird.

⇒ Ausländische Aktien, die an einer deutschen Börse gehandelt werden, sind in Bezug auf die Handhabung mit inländischen Aktien absolut gleichzusetzen.

Ausländische Aktien an ausländischen Börsen sind dagegen nicht so einfach zu handhaben.

Das Risiko ist höher (die jeweilige nationale Börsenüberwachung kann unterschiedlich bzw. anders gestaltet sein), die Kosten sind höher, da mehrere Zwischenhändler (Broker) eingeschaltet sind, und in den meisten Fällen ist zudem ein Währungsrisiko zu berücksichtigen.

Das erhöhte Risiko und die erhöhten Kosten zahlen sich für Kleinanleger im Allgemeinen nicht aus. Für Anfänger ist ein solches Investment deshalb nicht zu empfehlen.

Ausländische Aktien, die an deutschen Börsen gehandelt werden, können einfach gekauft werden. Ausländische Aktien an ausländischen Börsen sind für den Kleinanleger nicht zu empfehlen.

⇒ Ausländische Aktien: s. Kap. 2, Die verschiedenen Handelsarten, S. 51; Kap. 6, Aktienkurse ausländischer Börsen, S. 122 und Devisenkurse, S. 123

Welche Rechte hat der Aktionär?

Ein Aktionär ist (falls er über ⇒ Stammaktien verfügt) voll stimmberechtigter Inhaber seines Unternehmens. Das heißt er ist sowohl gewinnbeteiligt als auch stimmberechtigt.

Das Recht auf Gewinnbeteiligung bedeutet, dass er ein Anrecht auf eine entsprechende Dividende hat, wobei unter Dividende der Anteil des jährlichen ⇒ Bilanzgewinns zu verstehen ist, der auf eine Aktie entfällt. Die Dividende richtet sich nach dem Erfolg der Gesellschaft. Sie wird von der Hauptversammlung, also von den Aktionären, beschlossen.

> Die Dividende ist der Anteil am Gewinn einer Aktiengesellschaft, die dem Aktionär ausgezahlt wird.

Die Aktionäre X, Y und Z der Fahrradfabrik AG haben Stammaktien. Damit haben sie Anspruch auf ihren Anteil am Gewinn »ihres« Unternehmens.

Stimmrecht bedeutet, der Aktionär hat Stimme auf der Hauptversammlung. Er kann also mit seiner Stimme mitbestimmen über die Bestellung der neuen Mitglieder des Aufsichtsrats, über die Verwendung des Bilanzgewinns, über Satzungsänderungen und Kapitalerhöhungen. Darüber hinaus ist er beteiligt an der Entscheidung über die Entlastung des Vorstandes und des Aufsichtsrates.

Die Aktionäre X, Y und Z der Fahrradfabrik AG haben Stammaktien. Damit haben sie Stimme auf der Hauptversammlung »ihres« Unternehmens. Das heißt sie werden rechtzeitig eingeladen. Auf der Hauptversammlung haben sie dann Rederecht und Stimmrecht.

Weiterhin hat der Aktionär das Recht, anlässlich der Hauptversammlung über eine Kapitalveränderung mitzubestimmen und schließlich als Aktionär auch davon zu profitieren. Beschließt die Hauptversammlung neue Aktien auszugeben oder Rücklagen in Aktien umzuwandeln, um damit das Grundkapital zu erhöhen, steht den Aktionären gesetzlich das Recht zu, solche ⇒ jungen Aktien im Verhältnis ihrer bisherigen Beteiligung zu erwerben.

Die Aktionäre X, Y und Z der Fahrradfabrik AG besitzen das Recht, an einer von der Hauptversammlung beschlossenen Kapitalerhöhung zu partizipieren. Sie können aber auch darauf verzichten.

Schließlich haben die Aktionäre ein Recht auf Information. Der Informationsvermittlung dient der Jahresbericht.

Der Aktionär hat das Recht auf Gewinnbeteiligung, das Recht auf Mitbestimmung und ein Recht auf Information.

⇒ Stammaktie: s. Kap. 1, Welche unterschiedlichen Aktien gibt es? S. 22
⇒ Bilanzgewinn: s. Kap. 1, Was versteht man unter dem Jahresabschluss? S. 30
⇒ Erwerb junger Aktien: s. Kap. 1, Wie funktioniert das Bezugsrecht? S. 36

Was geschieht auf der Hauptversammlung?

Eine Aktiengesellschaft besitzt drei wichtige Organe: die Hauptversammlung, den Aufsichtsrat und den Vorstand. Das Aktiengesetz versucht, zwischen den drei Organen eine Art Gewaltenteilung zu definieren.

> Die Hauptversammlung ist die Versammlung der Eigentümer des Unternehmens. Sie bestellt die neuen Mitglieder des Aufsichtsrats, beschließt über die Verwendung des Bilanzgewinns und die Entlastung des Vorstands und Aufsichtsrats. Weiterhin muss sie Satzungsänderungen beschließen.

Das Aktiengesetz schreibt vor, die Hauptversammlung mindestens einen Monat vor ihrem Zusammentreffen einzuberufen. Der Termin muss in bestimmten, in der Satzung festgelegten Tageszeitungen und im Bundesanzeiger veröffentlicht werden. Innerhalb von zwölf Tagen nach Bekanntgabe sollten Kreditinstitute, Banken, Aktionärsvereinigungen und Aktionäre (bei Namensaktien) über die Tagesordnung, über Wahlvorschläge und Anträge sowie die Stellungnahme der Verwaltung unterrichtet werden. Verwalten Banken die Aktien (Inhaberaktien), müssen diese die Informationen unmittelbar an die von ihnen vertretenen Aktionäre weitergeben.

Für die Beschlussfassung der Hauptversammlung genügt die einfache Mehrheit.

Der Aufsichtsrat wird von der Hauptversammlung gewählt. Er überwacht die Geschäftsführung des Vorstands und bestellt die Vorstandsmitglieder. Der Vorstand ist verantwortlich für die Geschäftsführung. Er vertritt die Gesellschaft gerichtlich und außergerichtlich.

Zur Hauptversammlung der Fahrradfabrik AG werden nicht nur die Gründer eingeladen, sondern auch die Aktionäre X, Y und Z. Sie haben Stimmrecht. Insbesondere Aktionär X ist sich darüber im Klaren, dass er mit seinen 10 ⇒ Stimmen (10 Aktien) die Entscheidungen nicht stark beeinflussen kann. Sollte er sich entscheiden, nicht selbst zur Hauptversammlung zu gehen, kann er seiner Depotbank den Auftrag geben, für ihn (in seinem Sinne) zu stimmen.

Es wäre falsch, sich vorzustellen, die Punkte auf der Tagesordnung würden mit allen ausführlich diskutiert werden, um daraufhin Beschlüsse zu fassen. Häufig sind die wichtigsten Entscheidungen bereits vor der Hauptversammlung gefallen. Großaktionäre wie die Banken mit ihrem Depotstimmrecht sind in vielen Fällen im Aufsichtsrat vertreten. Wichtige Fragen sind zwischen Vorstand und Aufsichtsrat bereits im Vorfeld diskutiert und entschieden worden. Ein einzelner Aktionär hat folglich wenig Einflussmöglichkeiten – er darf aber fragen, kritisieren und seine Meinung äußern. Der Vorstand hat die Pflicht zu antworten.

Trotz der geringen Anzahl von 10 Stimmen ergriff Aktionär X bei der Aussprache das Wort und fragte den Vorstand, warum die Nabenfertigung nach Tschechien ausgelagert werden sollte. Der Vorstand antwortete ihm auf diese Frage äußerst fundiert.

Die Hauptversammlung ist die Versammlung aller Eigentümer. Die Ausschüttung des Bilanzgewinns, die Wahl des Aufsichtsrats und eine eventuelle Kapitalerhöhung werden von der Hauptversammlung beschlossen.

⇒ Anzahl der Stimmen: s. Kap. 1, Welche Rechte hat der Aktionär? S. 27

Was versteht man unter dem Jahresabschluss?

Die Aktiengesellschaft ist verpflichtet, den Aktionären einen Überblick über den Geschäftsverlauf zu geben. Dazu wird ein Jahresabschluss vorgelegt, der Auskunft gibt über die finanzielle Situation des Unternehmens. Der Jahresabschluss besteht aus zwei Teilen: der Bilanz sowie der Gewinn- und Verlustrechnung.

> Der Jahresabschluss ist der Abschlussbericht des Unternehmens über eine gewisse Zeitperiode. Aus ihm wird die finanzielle Situation eines Unternehmens ersichtlich.

Die *Bilanz* gibt Aufschluss über die Vermögenslage des Unternehmens. Sie besteht aus einer Aktivseite und einer Passivseite. Auf der Aktivseite befinden sich die Vermögenswerte des Unternehmens: Anlagevermögen, Umlaufvermögen und Posten der Rechnungsabgrenzung. Das Anlagevermögen sind Vermögensteile, die dem dauernden Geschäftsbetrieb – also dem Gebrauch – dienen, z. B. Gebäude oder Maschinen. Sie sind nicht zur Weiterveräußerung bestimmt. Das Umlaufvermögen sind Vermögensteile, die nur kurze Zeit im Unternehmen bleiben und zum baldigen Verbrauch oder zur Weiterveräußerung bestimmt sind. Das sind z. b. Rohmaterialien oder unbezahlte Kundenrechnungen.

Auf der Passivseite zeigt sich das eigentliche Vermögen: Eigenkapital und Fremdkapital.

Kapital, das von den Eigentümern zur Verfügung gestellt wird, nennt man Eigenkapital; Kapital, das von Unternehmensfremden in Form von Krediten zur Verfügung gestellt wird, nennt man Fremdkapital.

Das Eigenkapital besteht wiederum aus Grundkapital und Rücklagen. Das Grundkapital wurde von den Aktionären aufgebracht, die Rücklagen stammen aus nicht ausgeschütteten Gewinnen, die der Zukunftssicherung des Unternehmens dienen.

> Die Bilanz gibt Aufschluss über die Vermögenslage des Unternehmens.

Die Bilanz der Fahrradfabrik AG hat folgenden Aufbau:

Aktiva	Passiva
Anlagevermögen	*Eigenkapital*
Anlagen: z. B. Gebäude, Grundstücke, Maschinen und Werkzeuge	Grundkapital: das von den Aktionären eingezahlte Kapital Rücklagen: der nicht ausgeschüttete Gewinn der Vorjahre
Umlaufvermögen	*Fremdkapital*
Rohmaterial: z. B. Stangen, Schmiermittel Fertigerzeugnisse: z. B. fertige, unverkaufte Fahrräder Forderungen: z. B. unbezahlte Kundenrechnungen Kasse: z. B. der Bestand an Bargeld, Bankkonto, Postscheckkonto	Anleihen: auf dem Kapitalmarkt langfristig aufgenommene Mittel Kredite: kurzfristige Mittel von Banken und Verbindlichkeiten an Lieferanten

Die *Gewinn- und Verlustrechnung* gibt Aufschluss über die Ergebnissituation des Unternehmens. Dabei wird der gesamte Aufwand dem gesamten Ertrag einer Geschäftsperiode gegenüber gestellt. Zum Aufwand zählen Abschreibungen (= Wertverzehr von Anlagen), Verbrauch (= Verarbeitung von Rohmaterial), sonstige Kosten (= Löhne, Sozialkosten, Fremdkapitalzinsen) und Bestandsänderungen (= Abnahme von Lagerbeständen bei Fertigerzeugnissen). Zum Ertrag zählen Umsatz (= Verkauf von Produkten bzw. Dienstleistungen) und Bestandsänderungen (= Zunahme von Lagerbeständen bei Fertigerzeugnissen). Daraus errechnet sich das Ergebnis. Ist die Summe aller Erträge größer als die Summe aller Aufwendungen, ist das Ergebnis positiv, das heißt es wurde ein Gewinn erzielt.

Das Ergebnis oder auch der Jahresüberschuss wird nun noch aufgeteilt. Entweder er wird an die Aktionäre ausgeschüttet oder in die Rücklagen eingestellt.

> Die Gewinn- und Verlustrechnung gibt Aufschluss über die Ergebnissituation des Unternehmens.

Die Gewinn- und Verlustrechnung der Fahrradfabrik AG hat folgenden Aufbau:

− Aufwand

Abschreibungen	Wertverzehr von Anlagen (z. B. Fahrradstangenzugeinrichtung)
Verbrauch	Verarbeitung von Rohmaterial (z. B. zugelieferte Fahrradstangen)
sonstige Kosten	Löhne, Sozialkosten (Lohnnebenkosten), Fremdkapitalzinsen
Bestandsveränderungen	Abnahme von Lagerbeständen bei Fertigerzeugnissen

+ Ertrag

Umsatz	Verkauf von Produkten, Fahrrädern
Bestandsveränderungen	Zunahme von Lagerbeständen bei Fertigerzeugnissen

= Ergebnis — positiv: Gewinn / negativ: Verlust

Der Jahresabschluss besteht aus der Bilanz sowie der Gewinn- und Verlustrechnung. Aus dem Jahresabschlussbericht ist die Vermögens- und Ertragslage des Unternehmens ablesbar.

Was bedeutet eine Kapitalerhöhung?

Die Höhe des Grundkapitals bestimmt insbesondere die Möglichkeiten der ⇒ Fremdkapitalaufnahme. Eine Regel, die auch von vielen Aktienanalysten berücksichtigt wird, lautet: Das Fremdkapital soll das Eigenkapital nicht übersteigen. Will ein Unternehmen expandieren, benötigt es folglich ein höheres Grundkapital, wobei eine Aktiengesellschaft ihr Grundkapital sowohl durch Kapitalzuflüsse von außerhalb des Unternehmens (Außenfinanzierung) wie auch durch gesellschaftseigene Reserven (Innenfinanzierung) aufstocken kann.

Eine Außenfinanzierung muss von der Hauptversammlung genehmigt werden. Das deutsche Aktiengesetz unterscheidet bei dieser Form der Kapitalerhöhung durch Außenfinanzierung zwischen

- Kapitalerhöhung gegen Einlagen und
- bedingter Kapitalerhöhung.

Die *Kapitalerhöhung gegen Einlagen* ist die Erhöhung des Grundkapitals durch die Herausgabe (Emission) bzw. den Verkauf neuer (Fachjargon: junger) Aktien. Häufig liegt der Emissionskurs der Aktien über ihrem Nennwert, das heißt die Käufer der Aktien bezahlen mehr dafür als den Wert, der auf dem Mantel der Aktie verzeichnet ist. Diese Differenz nennt man auch Aufgeld oder Agio. Gewöhnlich wird der Betrag des Nennwertes aller Aktien auf das Grundkapital angerechnet, während die Differenz zu dem tatsächlich gezahlten Betrag erneut in die Rücklagen gestellt wird.

> Eine Kapitalerhöhung gegen Einlagen bedeutet den Verkauf (oder die Emission) von neuen Aktien. Diese werden zunächst den alten Aktionären zu Vorzugsbedingungen angeboten. Von einem Aufgeld oder Agio spricht man, wenn der Emissionskurs über dem Nennwert der Aktien liegt.

Einer Kapitalerhöhung muss immer ein entsprechender Beschluss der ⇒ Hauptversammlung vorausgegangen sein. Der Vorstand kann sich jedoch auch einen »Vorratsbeschluss« geben lassen, nach dem er in den nächsten fünf Jahren eine Kapitalerhöhung bis zu einem gewissen Betrag vornehmen kann.

Auf der Hauptversammlung der Fahrradfabrik AG stellt der Vorstand den Antrag, das Grundkapital aufzustocken. Damit soll eine neue Fertigungsstätte in Tschechien finanziert werden. Das Grundkapital soll von 1 000 000 DM auf 1 200 000 DM erhöht werden. 95 % der Aktionäre stimmen zu. Aktionär X stimmt nicht zu, aber er kann sich mit seinen 10 Stimmen gegen die Mehrheit nicht durchsetzen. Er protestiert jedoch in der Fragestunde der Hauptversammlung gegen diese Investitionsabsicht.

Auch der *bedingten Kapitalerhöhung* geht ein Beschluss der Hauptversammlung voraus. Der Vorstand wird berechtigt, bei Eintritt bestimmter Bedingungen (z. B. Zusammenschluss von mehreren Unternehmen, Ausgabe von Belegschaftsaktien) das Grundkapital von sich aus durch die Ausgabe von neuen Aktien zu erhöhen.

> Unter einer bedingten Kapitalerhöhung versteht man eine Kapitalerhöhung, die durch einen »Vorratsbeschluss« der Hauptversammlung genehmigt wurde.

Gibt eine Aktiengesellschaft junge Aktien heraus, muss sie nach dem deutschen Aktiengesetz den bisherigen Aktionären die Möglichkeit geben, gemäß ihrem bisherigen Anteil am Grundkapital junge Aktien zu erwerben. Dies geschieht über die Zuteilung von Bezugsrechten.

👉 *Eine Kapitalerhöhung bedarf der Genehmigung durch die Hauptversammlung. Sie erfolgt in der Regel durch die Ausgabe von jungen Aktien. Die Zuteilung erfolgt über Bezugsrechte.*

⇒ Fremdkapital: s. Kap. 1, Was versteht man unter dem Jahresabschluss? S. 30
⇒ Hauptversammlung: s. Kap. 1, Was geschieht auf der Hauptversammlung? S. 28

Wie funktioniert das Bezugsrecht?

Das Bezugsrecht besagt, dass die Eigentümer der alten Aktien ein Recht zum Erwerb der jungen Aktien haben. Dies räumen die Aktiengesellschaften nicht freiwillig ein, sondern es ist im Aktiengesetz so vorgeschrieben.

Die Ausstattung des Bezugsrechtes legt der Vorstand der Aktiengesellschaft fest. Wichtig sind:

- das Bezugsverhältnis
- der Bezugspreis
- die Bezugsfrist.

Das *Bezugsverhältnis* ergibt sich aus dem Verhältnis zwischen dem bisherigen Grundkapital und dem Erhöhungsbetrag.

Das Grundkapital der Fahrradfabrik AG soll laut Vorschlag des Vorstands von 1 000 000 DM auf 1 200 000 DM erhöht werden. Daraus ergibt sich ein Bezugsverhältnis von 5:1. Dies bedeutet, dass ein Aktionär für fünf alte Aktien eine neue Aktie erwerben darf.

Der *Bezugspreis* ergibt sich aus dem Nennwert und dem Aufgeld. Der Nennwert beträgt je nach Aktie 5 oder 50 DM. Auch ein anderer Nennwert ist denkbar. Die Höhe des Aufgelds richtet sich nach der Attraktivität des Unternehmens.

Eine Aktie der Fahrradfabrik AG mit dem Nennwert von 5 DM hat zur Zeit einen Aktienkurs von 70 DM. Der Vorstand legt das Aufgeld auf 50 DM fest. Damit wird die junge Aktie den Alt-Aktionären für 55 DM angeboten.

Die *Bezugsfrist* schließlich ist die Zeit, in der das Bezugsrecht ausgeübt werden kann. Sie muss mindestens zwei Wochen betragen.

Aus dem Bezugsverhältnis ergibt sich häufig, dass man nicht alle Bezugsrechte ausüben kann. Ein Aktionär mit vier Aktien könnte bei einem Bezugsverhältnis von 5:1 keine neue Aktie erwerben. Er kann aber von anderen Aktionären, die keine neuen Aktien hinzukaufen wollen, deren Bezugsrechte kaufen. Der Handel mit Bezugsrechten beginnt am ersten Tag der Bezugsfrist und endet mit deren Ablauf.

Der Preis für das Bezugsrecht ist dabei zunächst nicht festgelegt. Er ergibt sich aus dem Kursverlust, den die alten Aktien nach Emission der jungen Aktien erleiden werden, was finanzmathematisch zu bestimmen ist. Dieser rechnerische Wert muss aber nicht dem gehandelten Wert des Bezugsrechts entsprechen. Der effektive Wert des Bezugsrechts ergibt sich aus Angebot und Nachfrage an der Börse.

Die Fahrradfabrik AG erhöht ihr Grundkapital von 1 000 000 DM auf 1 200 000 DM; daraus ergibt sich ein Bezugsverhältnis von 5:1. Die alten Aktien mit einem Nennwert von 5 DM notierten bei 70 DM. Die jungen Aktien werden mit 55 DM angeboten. Daraus ergibt sich ein rechnerischer Bezugswert von 2,50 DM. Der Aktionär X besitzt 10 Aktien. Er kann zwei Aktien erwerben und zahlt dafür 110 DM. Er möchte jedoch noch drei weitere Aktien kaufen. Dazu muss er zunächst 15 Bezugsrechte an der Börse kaufen. Für diese bezahlt er 15 × 2,50 DM = 37,50 DM. Für die drei Aktien bezahlt er nochmals 165 DM. Er besitzt nun 15 Aktien. Er hätte ebenso die Bezugsrechte seiner 10 Aktien verkaufen können. An der Börse hätte er dafür 10 × 2,50 DM = 25 DM erhalten.

Der Aktienkurs reagiert auf den Bezugskurs, deshalb wird als Kursinformation auch angegeben, ob das Bezugsrecht ausgeübt wurde. Hinter dem Kurs der Aktie findet man ein ⇒ »exB«.

In vielen Fällen haben die jungen Aktien über einige Zeit einen geringeren Kurswert und werden daher im Kurszettel auch extra aufgeführt. Das ist häufig darauf zurückzuführen, dass viele junge Aktien im ersten (oder laufenden) Geschäftsjahr keinen vollen Dividendenanspruch haben. Dies drückt entsprechend auf den Kurs.

> *Das Bezugsrecht ermächtigt zum Bezug von jungen Aktien. Das Bezugsrecht hat einen eigenen börsennotierten Wert.*

⇒ »exB«: s. Kap. 6, Lesehilfen: Abkürzungen, S. 121

Was ist eine Gratisaktie?

Der Begriff Gratisaktie führt gedanklich in eine falsche Richtung. Besser verwendet man den Begriff »Berichtigungsaktie«. Die Ausgabe von Berichtigungsaktien ist eine Form der Kapitalerhöhung aus Gesellschaftsmitteln oder anders ausgedrückt eine Innenfinanzierung.

Bei der Ausgabe von Berichtigungsaktien werden Rücklagen in Grundkapital umgewandelt. Dies führt lediglich zu einer Umschichtung in der Bilanz. Die Rücklagen verringern sich, das Eigenkapital erhöht sich entsprechend. Dem Unternehmen fließen also von außen keine neuen Mittel zu. Da aber mehr Aktien im Umlauf sind, fällt der Kurs. Da Berichtigungsaktien im Verhältnis der Anteile am Eigenkapital an die alten Aktionäre ausgegeben werden, werden durch die höhere Zahl von Aktien deren Verluste wieder ausgeglichen. Für die Aktionäre (und auch für das Unternehmen) ändert sich unter dem Strich wertmäßig nichts.

> Die Gratis- oder Berichtigungsaktie resultiert aus der Umwandlung von Rücklagen in Grundkapital. Da keine Mittelzufuhr stattfindet, wird das Aktienvermögen der einzelnen Aktionäre nicht ab- und nicht aufgewertet.

Die Kapitalerhöhung aus eigenen Gesellschaftsmitteln bedarf ebenfalls der Genehmigung durch die Hauptversammlung.

Die Fahrradfabrik AG hat ein Grundkapital von 1 000 000 DM und Rücklagen in Höhe von 500 000 DM. Der Aktienkurs beträgt 70 DM. Die Hälfte der Rücklagen soll in Grundkapital umgewandelt werden. Damit erhöht sich zwar das Grundkapital um 25 %, die Summe von Grundkapital und Rücklagen bleibt jedoch gleich.

Für jeweils vier alte Aktien erhält der Aktionär eine Gratisaktie. Damit steigt sein Aktienbestand an Stücken um 25 %. Da aber kein Geld zugeführt wurde, sondern lediglich 25 % mehr Aktien auf dem Markt sind, fällt (zumindest theoretisch) auch der Aktienkurs. Das Aktienvermögen (vier Aktien zu einem Kurswert von 70 DM), das heißt insgesamt 280 DM, verteilt sich nun auf fünf Aktien. Damit ist der Kurswert jeder Aktie auf 56 DM gefallen.

Die Gratisaktie oder Berichtigungsaktie resultiert aus einer Umschichtung innerhalb der ⇒ Bilanz. Für den Aktionär ergibt sich daraus kein Wertzuwachs.

⇒ Bilanz: s. Kap. 1, Was versteht man unter dem Jahresabschluss? S. 30

Was ist eine Neuemission?

Wenn Unternehmen zum ersten Mal an die Börse gehen, spricht man von einer Neuemission von Aktien. Als Fachbegriff hat sich der englische Ausdruck »going public« durchgesetzt.

Das Unternehmen, das sich zunächst einem Zulassungsverfahren unterziehen muss, verfolgt mit einer Neuemission ein ganz einfaches Ziel: Es will sein Grundkapital erhöhen. In den meisten Fällen ist das Kapital der Gründer, das dem Unternehmen bisher zur Verfügung stand, zu gering, um eine weitere Expansion zu ermöglichen. In der Regel kann auch kein weiteres Fremdkapital aufgenommen werden.

> Von Neuemission spricht man, wenn ein Unternehmen erstmals zum Börsenhandel eingeführt wird.

Eine solche Neuemission wird über eine oder mehrere Banken (dann spricht man von einem Emissionskonsortium) vorgenommen. Die Banken haben die Aufgabe, Käufer für die neuen Aktien zu finden. In vielen Fällen übernehmen die Banken auch die Garantie, die Aktien selbst zu übernehmen, sollten sie nicht genügend Käufer finden.

Wichtig ist der Emissionspreis. Dieser Preis besteht aus Nennwert (also in den meisten Fällen 5 oder 50 DM) und Aufgeld. Er muss so attraktiv sein, dass sich genügend Käufer für diese neuen Aktien finden. Eine Garantie, dass der Kurswert wirklich attraktiv ist, also eine positive Wertentwicklung verspricht, hat der Anleger natürlich nicht. Es gibt Unternehmen, deren Aktienkurs bereits am ersten Handelstag höher war als der Emissionskurs. Es gibt aber auch Gegenbeispiele von Unternehmen, deren Aktienkurs den Emissionskurs nie erreicht hat.

Innerhalb der Zeichnungsfrist hat jeder Anleger die Möglichkeit, Aktien zum Emissionskurs zu zeichnen, also zu bestellen. Er oder sie wendet sich dazu an die jeweilige Hausbank. Diese erledigt die ⇒ Formalien.

Ist die Nachfrage höher, als Aktien zur Verfügung stehen, spricht man von einer Überzeichnung. In diesem Fall erhalten die Anleger eine geringere Stückzahl an Aktien als gewünscht. In manchen Fällen wird durch ein Losverfahren ermittelt, wer die erwünschte Anzahl erhält und wer folglich ganz leer ausgehen muss.

Auch die Fahrradfabrik AG ging vor einiger Zeit diesen Weg. Das Unternehmen hatte erhöhten Kapitalbedarf, die Expansion wollte finanziert werden. Aber mit Fremdkapital allein ging es nicht mehr. So bereitete man über die Hausbank den Börsengang vor. Der Emissionspreis für die 5 DM-Aktie betrug 23 DM. Wie sich herausstellte, war das ein günstiger Preis. Das Emissionsvolumen wurde überzeichnet, so dass nicht alle Käufer ihre gewünschte Anzahl an Aktien erhielten.

Tops und Flops liegen bei Neuemissionen nahe beisammen. SGL Carbon ging z. B. mit einem Emissionskurs von 55 DM an die Börse. In Jahresfrist machte der Kurs einen Sprung auf über 180 DM, was einem satten Gewinn von über 230 % gleichkam. Ganz anders der Küchenbauer Alno. Er ging mit 59 DM an die Börse. Der Kurs stürzte auf 35 DM ab, was einem Verlust von 39 % entsprach.

☞ *Eine Neuemission ist der erste Börsengang eines Unternehmens. Eine oder mehrere Banken vermitteln die Aktien an Interessenten. Der Emissionskurs ist der Betrag, zu dem eine Aktie des Börsenneulings gekauft werden kann.*

⇒ Formalien: s. Kap. 4, Wer hilft beim Aktiengeschäft? S. 71 und Wie kauft man Aktien? S. 73

Wie viel ist die Aktie wert?

Bei Aktien ist, wie wir bereits gesehen haben, zwischen Nennwert und Kurswert zu unterscheiden.

Der *Nennwert* einer Aktie ist auf dem Aktienmantel dokumentiert. Der *Kurswert* aber richtet sich nach Angebot und Nachfrage. Er bestimmt, wie viel ein Käufer oder eine Käuferin tatsächlich bezahlen muss, um die Aktie zu erwerben, bzw. welchen monetären Wert die Aktie für den Anleger hat.

Im Kurswert spiegeln sich verschiedene Faktoren wieder:

- der Vermögenswert des Unternehmens
- seine Ertragskraft
- die Erwartungen, die sich längerfristig mit dem Unternehmen und seinen Produkten verbinden.

Neben objektiven Tatbeständen (Vermögenswert, Ertragskraft) spielen also auch vielfältige weitere Faktoren, wie die Erwartungen der Anleger, eine Rolle für den Preis der Aktie.

> Der Wert einer Aktie spiegelt sich im Kurswert wieder. Er stellt für die Aktionäre den augenblicklichen Vermögenswert des Wertpapiers Aktie dar.

Für die Aktionäre ist aber nicht nur der gegenwärtige Wert einer Aktie wichtig, sondern ebenfalls die ⇒ Wertentwicklung. Er wird sich darauf einlassen, eine Aktie, deren Nennwert 5 DM beträgt, für 70 DM zu erwerben, wenn er hofft, dieselbe Aktie später für einen noch höheren Kurswert wieder verkaufen zu können.

Die Aktie der Fahrradfabrik AG hat einen Kurswert von 70 DM. Der Vorstand plant, ein großes Werk in Tschechien zu bauen, um kostengünstiger zu produzieren. Das soll die Gewinnsituation verbessern. Diese Absicht wird an der Börse honoriert. Der Kurswert steigt schnell auf 95 DM.

> *Der Kurswert drückt den monetären Wert einer Aktie aus. Die Wertentwicklung der Aktie liegt im Langfristvergleich vor anderen Anlageformen.*

⇒ Wertentwicklung: s. Kap. 5, Vor der Strategie steht die Analyse, S. 80

Was ist die Dividende?

Aktien sind in zweierlei Hinsicht eine Wertanlage. Zum einen kann eine positive Wertentwicklung den Kurspreis einer Aktie nach oben treiben, was beim Verkauf einen Gewinn bedeuten würde, zum anderen haben die Aktionäre Anspruch auf einen Anteil des Gewinns der Aktiengesellschaft. Dieser wird in Form einer Dividende ausgeschüttet. Die Dividende ist von der Ertragslage des Unternehmens abhängig und damit im Zeitablauf keine feste Größe. Natürlich werden nicht sämtliche Gewinne des Unternehmens auf die Aktionäre verteilt. Jedes Unternehmen, das wettbewerbsfähig bleiben will, muss Rücklagen bilden, um in die Zukunft investieren zu können. Im Jahresabschlussbericht, den Aufsichtsrat und Vorstand auf der Hauptversammlung vorlegen, sind diese Rücklagen meist schon berücksichtigt. Die Hauptversammlung beschließt dann nur über die Verwendung des verbleibenden Bilanzgewinns.

Auf der Hauptversammlung der Fahrradfabrik AG wird den Aktionären X, Y und Z der Jahresabschluss erläutert. Der Bilanzgewinn betrug 1 000 000 DM. Der Vorstand hat bereits beschlossen, 30 % in die Rücklagen einzustellen. Damit soll die Forschung für ein neues verschleißfreies Tretlager sichergestellt werden. Der Vorstand schlägt vor, den Rest in Höhe von 700 000 DM an die Aktionäre auszuschütten. Er trägt diesen Vorschlag vor und die Hauptversammlung stimmt ab.

Natürlich kann es an dieser Stelle zu Interessenskonflikten kommen. Während die Aktionäre an einer möglichst hohen Dividende interessiert sind, ist ein Vorstand bemüht, einen bestimmten (vielleicht auch möglichst großen) Anteil des Gewinns im Unternehmen zu belassen, um damit Modernisierung, Forschung und Entwicklung, die Erschließung neuer Märkte und anderes zu finanzieren. Welcher Anteil des Gewinns als Dividende ausgeschüttet wird, erkennt man an der Ausschüttungsquote. Beträgt sie zum Beispiel 60 %, bedeutet dies, dass 40 % des Gewinns im Unternehmen verbleiben und 60 % an die Aktionäre ausgeschüttet werden. Die Höhe der Dividende ist also nicht unbedingt Ausdruck der wahren Gewinnentwicklung eines Unternehmens, sondern einer bestimmten Unternehmenspolitik.

Der einzelne Aktionär kann die Dividende natürlich nicht beeinflussen. Sehr wohl aber kann die Gesamtheit der Aktionäre auf der Hauptversammlung darüber diskutieren, den Dividendenvorschlag ablehnen und gegebenenfalls den ⇒ Vorstand nicht entlasten.

> Die Dividende ist der Anteil am Unternehmensgewinn, den die Aktionäre nach der Bildung von Rücklagen erhalten sollen.

Die Dividende wird in Prozent ausgedrückt. Der Prozentsatz bezieht sich auf den *Nennwert* der Aktie. So beträgt eine Dividende in Höhe von 6 % auf eine 5 DM-Aktie je Aktie 0,30 DM.

Die Dividende besteht aus der Bardividende zuzüglich ⇒ Körperschaftssteueranteil (also dem Steuerbetrag, den das Unternehmen bereits gezahlt hat). Der Gesamtbetrag, die Bruttodividende, ist für den einzelnen Aktionär steuerpflichtig. Damit wird eine Doppelbesteuerung der Unternehmensgewinne vermieden.

Der ausgezahlte Betrag unterscheidet sich, je nachdem, ob

der Bank ein Freistellungsauftrag vorliegt oder nicht. Die konkreten Auswirkungen werden im folgenden Beispiel erläutert.

Aktionär X besitzt 10 Aktien im Nennwert von 5 DM. Auf die Aktie entfällt eine Bruttodividende von 0,30 DM, das sind 6 %. Das deutsche Steuerrecht sieht für die zur Ausschüttung gelangenden Gewinne einer Kapitalgesellschaft eine Körperschaftssteuer in Höhe von 30 % vor.
Die Dividendenabrechnung sieht folgendermaßen aus:

Bruttodividende für 10 Stück	3,00 DM (100 %)
davon Körperschaftssteuer 30 %	0,90 DM (30 %)
Bardividende	2,10 DM (70 %)

X hat bei der Bank einen Freistellungsantrag vorliegen. Daher bekommt er die Bruttodividende in Höhe von 3,00 DM ausbezahlt. Dies ist für ihn Einkommen aus Kapitalvermögen. Er gibt dies bei seiner Steuererklärung an und bezahlt (nach Abzug der Freibeträge) darauf seine individuelle Steuerschuld.
Auch Y hat 10 Aktien, auf die er Dividende erhält. Er hat der Bank jedoch keinen Freistellungsantrag vorgelegt. Damit sieht die Rechnung ganz anders aus:

Bruttodividende für 10 Stück	3,00 DM (100 %)
– Körperschaftssteuerbelastung bei der AG	0,90 DM (30 %)
= Bardividende	2,10 DM (70 %)
– Kapitalertragssteuer des Aktionärs (Einbehaltung durch die Bank) 25 % auf 2,10 DM	0,53 DM (17,5 %)
= Nettodividende	1,57 DM (52,5 %)

In seiner Einkommenssteuererklärung gibt Y als Einkommen aus Kapitalvermögen 3,00 DM an und rechnet als bezahlte Steuerschuld 1,43 DM (0,90 DM + 0,53 DM) gegen.

Die Dividendenzahlung wirkt sich auf den Aktienkurs aus. Theoretisch erfolgt ein Abzug des Dividendenbetrages vom

Kurs am ersten Börsentag nach der Hauptversammlung, bei der die Dividendenzahlung beschlossen wurde, bzw. am Tag der Ausschüttung (die auch zu einem späteren Zeitpunkt erfolgen kann). Auf dem Kurszettel wird die Börsennotierung mit dem Zusatz ⇒ »exD« oder ⇒ »exDiv« versehen. Dieses bedeutet, dass dies der erste Kurs nach Dividendenzahlung ist. Der verminderte Kurs (alter Kurswert minus Dividendenabschlag) drückt aus, dass der Käufer ab diesem Tag keinen Anspruch auf die (alte) Dividende hat. Die Aktie ist für ihn also weniger wert. In der Praxis entspricht der Dividendenabschlag jedoch fast nie der Dividende. An der Börse bildet sich aufgrund von Angebot und Nachfrage ein neuer Kurs.

Die Dividende ist die Gewinnbeteiligung am Unternehmen. Sie ist die Ertragskomponente an einer Geldanlage in Aktien.

⇒ Vorstand entlasten: s. Kap. 1, Was geschieht auf der Hauptversammlung? S. 28

⇒ Körperschaftssteuer: s. Kap. 3, Aktiengewinne und die Steuer, S. 68

⇒ »exD«, »exDiv«: s. Kap. 6, Lesehilfen: Kurszusätze, S. 119

2.
Rund um die Börse

Was versteht man unter Börse?

An der Börse werden Aktien gekauft und verkauft. So weit ist das klar. Aber wie kann man sich eine Börse vorstellen?

Versuchen wir es zunächst mit einer sehr allgemeinen Erklärung: Börse könnte man auch mit Markt übersetzen. Es ist der Ort, an dem sich Angebot und Nachfrage treffen.

Wenn wir hier von Börse sprechen, meinen wir eine Wertpapierbörse. Das ist die Börse, an der Wertpapiere gehandelt werden. Grundlage für den Börsenhandel ist das Börsengesetz. Es stammt aus dem Jahr 1896. Noch immer gelten die allgemeinen Grundlagen dieses Gesetzes. Wichtig ist zu wissen, dass es auch eine Börsenordnung gibt, die einer Hausordnung vergleichbar ist und somit die Ordnung des Geschäftsverkehrs auf einer Börse gewährleistet.

Der Hausherr der Börse oder der Träger der Börse kann eine öffentlich-rechtliche Körperschaft sein, ein Verein des bürgerlichen Rechts oder eine Körperschaft des privaten Rechts.

Für die Verwaltung und die Leitung der Börse ist die Börsenverwaltung zuständig. Der Börsenvorstand bestellt die Geschäftsführer, die für das Börsengeschäft verantwortlich sind.

Schließlich gibt es noch die Börsenaufsicht. Für sie ist die oberste Behörde des jeweiligen Bundesamtes zuständig.

> Die Börse ist ein Ort, an dem sich Käufer und Verkäufer treffen. An diesem Ort wird ein Preis, der Kurswert, festgelegt. Das Geschehen an der Börse unterliegt gewissen Regeln. Diese sind im Börsengesetz und in der Börsenordnung festgelegt.

Wie wir eingangs am Beispiel der Fahrradfabrik gesehen haben, müssen nicht alle Geschäfte an der Börse laufen. Es werden auch viele Aktien zwischen zwei Personen oder Institutionen (Banken) ohne Einschaltung einer Börse gehandelt. Solche Geschäfte bezeichnet man mit dem Sammelbegriff OTC. Hinter der Abkürzung OTC verbirgt sich die englische Bezeichnung »over the counter«. Man versteht darunter ein Geschäft, das eben über den Schalter oder Tisch getätigt wird. Auf dem OTC-Markt werden häufig Finanzprodukte mit individuellen Ausprägungen gehandelt (z. B. Anteilscheine, die nicht an der Börse zugelassen sind). An den Börsen werden dagegen ⇒ standardisierte Produkte (zu denen Aktien gehören) gehandelt, die eine größere Käufer- oder Verkäuferschicht ansprechen.

> Unter OTC-Handel versteht man das Gegenteil von Börsenhandel. Individuelle Finanzprodukte werden zwischen zwei Personen oder Institutionen zu individuellen Konditionen gehandelt.

Als der fünfte Gründer der Fahrradfabrik AG seine Aktien an die Radsportler verkaufte, handelte es sich um ein OTC-Geschäft. Er hat einen (individuell geprägten) Anteilschein verkauft, der nicht an einer Börse gehandelt wurde. Wenn nun die Aktionäre X, Y oder Z ihre Aktien verkaufen wollen, erledigen sie dies über die Börse. Sie können aber nicht selbst zur Börse gehen und ihre Aktien anbieten. Dazu müssen sie einen Vermittler einschalten, also eine Bank oder/und einen Makler.

> *Die Börse ist eine Institution, die Angebot und Nachfrage vermittelt, damit Geschäftsabschlüsse getätigt werden können.*

⇒ standardisierte Produkte: s. Kap. 2, Die verschiedenen Handelsarten, S. 51

Präsenzbörse und Computerbörse

Spricht man von Börsenhandel, muss man unterscheiden zwischen Handel an einer Präsenzbörse und Handel an einer Computerbörse. An den Präsenzbörsen treffen sich die Makler, um von Angesicht zu Angesicht ihre Geschäfte abzuschließen. Wie der Name vermuten lässt, können auf einer Präsenzbörse nur Geschäfte abgeschlossen werden, wenn man präsent ist. Nun kann nicht jeder beliebige Anleger zur Börse kommen, um ein Geschäft abzuschließen. Die Börsenteilnehmer müssen zugelassen sein.

Zugelassen sind sogenannte Freimakler und Händler von Kreditinstituten. Sie tätigen im Berufshandel ⇒ Geschäfte für ihre Kunden oder kaufen und disponieren für den eigenen Bestand (z. B. für die Geschäftsbanken).

> Makler sind an der Börse zugelassene Teilnehmer. Sie erhalten Aufträge von Anlegern und schließen für diese Geschäfte an der Börse ab.

Will ein Anleger Aktien kaufen oder verkaufen, gibt er seiner Bank einen entsprechenden Auftrag (eine Order), die ihn an den eigenen Händler oder auch an einen Makler weiterreicht. Dieser schließt das Geschäft auftragsgemäß (in Präsenz) mit einem anderen Makler, der die Gegenposition hält, ab. Die Abwicklung, das heißt die Lieferung und Bezahlung, erfolgt an den deutschen Börsen üblicherweise zwei Tage nach dem Handelsabschluss. Der Auftraggeber erhält von seiner Bank eine Bestätigung des abgeschlossenen Geschäfts und eine Rechnung. Der Rechnungsbetrag wird in den meisten Fällen direkt abgebucht.

Es gibt an der Präsenzbörse unterschiedliche Handelsarten, die sich gemäß den Anforderungen für die zugelassenen Firmen unterscheiden:

- amtlicher Handel
- geregelter Markt
- Freiverkehr

1991 wurde das sogenannte Integrierte-Börsenhandels- und Informations-System geschaffen, das heute unter der Abkürzung IBIS bekannt ist. Es ergänzt den Präsenzhandel und dient insbesondere auch dem vor- und nachbörslichen Handel, also dem Handel vor und nach den Börsenöffnungszeiten. Am IBIS-System agieren circa 250 Teilnehmer, meist Großinvestoren, die Wertpapiere in größeren Stückzahlen umsetzen. Im IBIS werden nur ⇒ DAX- und MDAX-Werte gehandelt. Im Gegensatz zum ⇒ Parketthandel bilden im IBIS-Handel keine Kursmakler den Kurs, sondern der Kurs ergibt sich aufgrund der online eingegebenen Verkaufs- und Kaufaufträge automatisch (DV-maschinell).

Der Präsenzhandel wird im Gegensatz zum Computerhandel von den Maklern im persönlichen Handel wahrgenommen. Man unterscheidet die drei Handelssegmente amtlicher Handel, geregelter Markt und Freiverkehr.

⇒ Börsengeschäfte: s. Kap. 4, Wie kauft man Aktien? S. 73 und Wie verkauft man Aktien? S. 75
⇒ DAX: s. Kap. 5, Wichtigste Kennzahl: der DAX, S. 93
⇒ Parketthandel: s. Kap. 2, Die Sprache der Börse, S. 59

Die verschiedenen Handelsarten

Man unterscheidet an der Börse zwischen drei Handelsarten: dem amtlichen Handel, dem geregelten Markt und dem Freiverkehr.

Bevor wir zu der Frage kommen, was diese unterschiedlichen Handelsarten für die Anleger jeweils bedeuten, sollen sie hier kurz erläutert werden.

Im *amtlichen Handel* gelten strenge Formvorschriften. Er ist sozusagen die oberste Klasse des deutschen Börsenhandels. Die Unternehmen, die zum amtlichen Handel zugelassen werden, müssen sich einer eingehenden Prüfung unterziehen lassen. Ein strenges Zulassungsverfahren stellt sicher, dass nur erstklassige Werte in den Handel kommen.

Folgende Bedingungen müssen eingehalten werden:

- Das Unternehmen muss einen voraussichtlichen Gesamtkurswert von mindestens 2,5 Millionen DM aufweisen.
- Der Streubesitz muss mindestens ein Viertel des Kurswertes betragen.
- Das Unternehmen legt einen Zulassungsprospekt auf der Basis dreier Jahresabschlüsse vor.
- Das Unternehmen veröffentlicht regelmäßig Zwischenberichte.
- Das Unternehmen informiert die Anleger umgehend bei Umständen mit erheblichen Folgen für die Kursentwicklung.
- Das Unternehmen wird von einem Kreditunternehmen, das zum Börsenhandel zugelassen ist, bei der Börseneinführung begleitet.

Wichtig ist, dass die Marktteilnehmer davon ausgehen können, dass die amtlich gehandelten Aktien börsentäglich ge- und verkauft werden, da die Umsätze ausreichend hoch sind. Das heißt, wenn der Anleger an einem Tag kaufen oder verkaufen will, kann er sicher sein, dass das Geschäft zustande kommt. Die Kursfestsetzung (des ⇒ Kassakurses) erfolgt durch amtlich (von der jeweiligen Landesregierung) bestellte und vereidigte

Makler. Damit hat der Anleger größtmögliche Sicherheit für seine Geldanlage.

> Der amtliche Markt ist das strengste Marktsegment der Börse. Im amtlichen Markt werden nur ausgesuchte und überprüfte Unternehmen gehandelt. Ein täglicher Umsatz ist sichergestellt.

Alle Werte, die im ⇒ DAX notiert sind, werden im amtlichen Handel umgesetzt. Viele dieser Unternehmen bezeichnet man auch mit dem amerikanischen Begriff »blue chips«.

> Blue Chips ist eine Bezeichnung aus dem amerikanischen Börsenslang. Damit meint man erstklassige Firmen, deren Aktien aufgrund ihrer Stärke und Ertragslage als besonders attraktiv gelten.

Der *geregelte Markt* ist die zweite Stufe des Marktgeschehens. Auch der geregelte Markt hat ein Zulassungsverfahren, dessen Anforderungen jedoch leichter zu erfüllen sind. Dies beginnt damit, dass der Gesamtkurswert nicht 2,5 Millionen DM, sondern nur 0,5 Millionen DM betragen muss. Auch kann der Zulassungsprospekt entfallen. Lediglich ein aktueller Unternehmensbericht ist erforderlich. Die Anforderungen an die Publizität sind jedoch fast genauso hoch wie im amtlichen Markt. Es müssen Jahresabschlüsse erstellt werden (jedoch keine Zwischenberichte) und selbstverständlich müssen die Anleger informiert werden, wenn Umstände mit erheblichen Folgen für die Kursentwicklung eintreten.

So befinden sich im geregelten Markt meistens kleinere Unternehmen oder Unternehmen von nur regionaler Bedeutung. Man bezeichnet sie auch als Nebenwerte. Die Kursfestsetzung erfolgt durch einen vom Börsenvorstand berufenen Makler. Das Verfahren ähnelt dem des amtlichen Marktes. Es handelt sich dabei nicht um amtliche Notierungen, sondern man spricht von nicht-amtlichen Kursen oder von Preisen.

> Nebenwerte sind kleinere Unternehmen, die zwar auch sehr attraktiv sein können, die aber nicht die Größe, Zuverlässigkeit und Unternehmenskraft der Blue Chips aufweisen.

Wichtig ist noch, dass im geregelten Markt nur Unternehmen aufgenommen werden, die nicht bereits im amtlichen Handel vertreten sind. So wird eine doppelte Kursfeststellung vermieden.

> Der geregelte Markt ist das zweite Marktsegment der Börse. Die zugelassenen Unternehmen unterliegen gewissen Anforderungen. Im geregelten Markt werden größtenteils Nebenwerte gehandelt.

Der *Freiverkehr* ist das dritte Marktsegment im Börsenverkehr. Es stellt die geringsten Anforderungen an die Marktteilnehmer. So gibt es im Freiverkehr keine Vorschriften für einen erforderlichen Gesamtkurswert. Der Freiverkehr soll den ordnungsgemäßen Handel mit solchen Werten garantieren, die die Voraussetzungen des amtlichen Handels und des geregelten Marktes nicht erfüllen, für die aber dennoch Angebot und Nachfrage bestehen, deren Anteile also gehandelt werden.

Im Freiverkehr werden circa 500 in- und ausländische Titel gehandelt. Diese sind dem breiten Anlegerpublikum weitgehend unbekannt. Der Handel findet auch fast ausschließlich zwischen Spezialisten statt. Viele ausländische Unternehmen nutzen den Freiverkehr, um an der deutschen Börse präsent zu sein (und um DM-Kapital zu erhalten), ohne sich jedoch den strengen Auflagen des amtlichen und geregelten Marktes zu fügen. Meistens wird die vorgeschriebene Höhe des Gesamtkurswertes nicht erfüllt.

Je kleiner der an der Börse zugelassene Gesamtkurswert ist, desto enger wird der Markt, das heißt es kann nicht sichergestellt werden, dass täglich Geschäftsabschlüsse stattfinden. Dies ist das Anlegerrisiko im Freiverkehr.

Aus der Marktenge resultiert auch, dass bereits bei relativ kleinem Handelsvolumen erhebliche Kursschwankungen entstehen können.

> Der Freiverkehr ist die Form des Börsenhandels mit den wenigsten Ordnungs- bzw. Zulassungskriterien. Er soll einen Börsenhandel von Nebenwerten, also insbesondere von kleineren Unternehmen, und Auslandswerten ermöglichen.

Eine weitere Handelsplattform, die allerdings nicht mehr so richtig als Börsenhandel verstanden wird, ist der sogenannte Telefonhandel. Im Telefonhandel schließen in erster Linie Banken untereinander, also professionelle Partner, ein individuelles Geschäft ab. Solche Geschäfte nennt man auch OTC-Geschäfte (Over The Counter).

> Der Telefonhandel liegt bereits außerhalb des normalen Börsengeschehens. Er ist ein OTC-Geschäft, das meistens zwischen Banken abgeschlossen wird.

⇒ Kassakurs: s. Kap. 6, Amtlicher Handel (Kassakurse), geregelter Markt und Freiverkehr, S. 115
⇒ DAX: s. Kap. 5, Wichtigste Kennzahl: der DAX, S. 93

Was bedeuten die Handelsarten für den Aktionär?

Was bedeuten die einzelnen Marktsegmente des Börsengeschehens für den Anleger?

In der Praxis tangiert die jeweilige Plattform, auf der die Aktien gehandelt werden, den Anleger wenig, dennoch verbergen sich gewisse Risiken und Chancen hinter den einzelnen Handelsformen, die man kennen muss, um nicht unangenehm überrascht zu werden.

Amtlicher Handel
Engagiert man sich in Aktien eines Unternehmens, das im amtlichen Handel präsent ist, kann man davon ausgehen, dass
- das Unternehmen äußerst solide ist
- das Unternehmen seinen Informationspflichten nachkommt
- das gehandelte Aktienvolumen ausreichend groß ist
- die Aktien des Unternehmens täglich gehandelt werden

Geregelter Markt
Der geregelte Markt ist mit dem amtlichen Handel durchaus vergleichbar. Hier handelt es sich aber insbesondere um regionale Unternehmen, die meistens auch nur an einem regionalen Börsenplatz gehandelt werden.

Es ist auch beim geregelten Handel sichergestellt, dass die Aktien der Unternehmen fast ausnahmslos täglich gehandelt werden und damit Geschäftsabschlüsse möglich sind.

Freiverkehr
Hier sollte man als Anleger durchaus Vorsicht walten lassen. Es wird nicht garantiert, dass täglich ein Umsatz stattfindet. Bereits kleinere Aufträge können größere Kursbewegungen nach sich ziehen. Am Freiverkehr nimmt man teil, wenn man sich vielleicht (aufgrund von Empfehlungen) in einem ganz speziellen Wert engagieren will. Aber Vorsicht! Man sollte den Wert genau prüfen. Im Freiverkehr werden viele ausländische Werte gehandelt. Will man sich bewusst in ausländischen Werten engagieren, ist es immer noch einfacher, dies im deutschen

Freiverkehr wahrzunehmen, als direkt an die ausländischen Börsen zu gehen.

Für die Wahl der Handelsart ist ausschlaggebend, in welches Unternehmen man investieren möchte. Will man beispielsweise den Technologiewert »Texas Instruments« kaufen, muss man in den Freiverkehr, weil der Wert nur dort gehandelt wird. Will man aber Siemens-Aktien erwerben, muss man in den amtlichen Handel, da der Wert nur dort gehandelt wird. Das heißt die einzelnen Handelsarten sind keine Alternativen, die man wählen kann, sondern sie sind abhängig von der Wahl der Aktien, die man kaufen möchte. Allerdings sollte man die Spielregeln der einzelnen Segmente kennen.

TIP: Es ist auf jeden Fall zu empfehlen, sich als Anfänger nur in Aktienwerten zu engagieren, die im amtlichen und (unter Umständen) im geregelten Markt gehandelt werden.

Für den Privatanleger ist der amtliche Handel und der geregelte Markt von Bedeutung. Will er sich in Aktien ausländischer Unternehmen engagieren, hat zudem der Freiverkehr eine gewisse Relevanz.

Was versteht man unter variablem Handel und Kassahandel?

Entscheidend für den Anlageerfolg ist der Zeitpunkt des Verkaufs der Aktien. Dabei zählen nicht nur Tage, sondern auch Stunden und Minuten, da der ⇒ Kurswert einer Aktie im Laufe eines Tages erheblichen Schwankungen unterliegen kann. Um dieser Tatsache Rechnung zu tragen, unterscheidet man an der Börse zwischen variablem Handel und Kassahandel.

Am *variablen Handel* kann man nur mit Aktienpaketen teilnehmen. Es muss sich um mindestens 50 Aktien mit Nennwert 50 DM handeln oder um mindestens 100 Aktien mit Nennwert

5 DM. Aktionäre können vor und während der Börsenzeit Order an die vermittelnde Bank geben, ein solches Paket im variablen Handel zu verkaufen. Der Abschluss erfolgt dann zu fortlaufenden Kursen, also im günstigsten Fall zu dem Höchstkurs des jeweiligen Tages.

> Am variablen Handel kann der Aktionär nur mit »Paketen« von 50 (zu 50 DM) oder 100 (zu 5 DM) Aktien teilnehmen. Der Preis für den jeweiligen Auftrag wird fortlaufend gebildet.

Aktionär Z hat 1 200 Aktien der Fahrradfabrik AG. Diese Aktien kann er im variablen Handel verkaufen. Das entspricht 12 × 100 5 DM-Aktien. Aktionär X hat nur 15 Aktien. Diese kann er nicht im variablen Handel unterbringen. Es müssten mindestens 100 Stück sein. Aktionär Z hat einen Verkaufsauftrag über 500 Aktien an die Börse gegeben. Er gibt ein Limit von 92 DM an. Die Aktienkurse notieren im Laufe des Handelstages mit 88, 90, 92, 91, 88, 87. Der amtliche Kurs liegt bei 89. Der Aktionär Z konnte dennoch seine 500 Aktien im variablen Handel zu 92 verkaufen.

Zum *Kassahandel* werden Aktienpakete unter 50 bzw. 100 Stück verkauft. Die Order muss bis 9.00 Uhr bei der Bank eingegangen sein und wird dann an den Makler weitergegeben. Der Geschäftsabschluss erfolgt zum Kassakurs oder zum Einheitskurs. Dieser wird von den amtlich bestellten Maklern einmal pro Börsensitzung bestimmt. Alle möglichen Geschäfte werden zu diesem Kurs abgeschlossen.

> Kassakurse werden einmal am Tag für alle Aktien des amtlichen Handels festgestellt. Zu diesem Kurs finden dann die Tagesumsätze statt.

Aktionär X hat nur 15 Aktien. Diese kann er nicht im variablen Handel unterbringen. Er muss sie im Kassahandel verkaufen. Sie werden zu dem an diesem Tag festgelegten Kassakurs abgerechnet. Da er ein Limit von 92 vorgegeben hat, der amtliche Kurs am Tag der Order aber mit 89 festgestellt wird, findet zunächst kein Abschluss statt.

Im variablen Handel muss man mindestens 50 bzw. 100 Aktien einsetzen. Der Geschäftsablauf findet als fortlaufende Notierung statt. Bei kleineren Mengen werden die Aktien zum Kassakurs, das heißt dem täglich ermittelten Einheitskurs, gehandelt.

⇒ Kurswert: s. Kap. 6, Fortlaufende Notierungen, S. 113

Wie geht es an der Börse zu?

Es gibt in Deutschland insgesamt acht Börsenplätze. Sie befinden sich in Berlin, Bremen, Düsseldorf, Frankfurt/M., Hamburg, Hannover, München und Stuttgart. Der wichtigste Börsenplatz ist Frankfurt/M.

Das Geschäft an der Börse läuft im Prinzip nicht anders ab als in einer Großmarkthalle. Allerdings werden an der Börse Erwartungen gehandelt und nicht Äpfel oder Birnen. Die Makler machen auf dem Parkett, also im Börsensaal, oder am Telefon das Geschäft. Für ihre Tätigkeit kassieren sie eine Courtage.

Man unterscheidet zwischen Kursmaklern und Freimaklern, wobei die Kursmakler im Gegensatz zu den Freimaklern amtliche, also börsenoffizielle Kurse feststellen. Kursmakler und Freimakler werden in den meisten Fällen von Banken oder institutionellen Anlegern beauftragt, zu einem gewissen Kurs eine bestimmte Menge Aktien zu kaufen oder zu verkaufen. Sie können aber auch auf eigene Initiative bzw. auf Rechnung des Unternehmens, für das sie arbeiten, Wertpapiere erstehen. Dabei arbeiten sie nach dem Prinzip der »heißen Kartoffel«: Günstige Kursentwicklungen werden genutzt, um gekaufte Wertpapiere schnellstmöglich und hoffentlich mit Gewinn weiter zu veräußern.

Der offizielle Tag beginnt für den Börsenmakler um 8.30 Uhr. Ab diesem Zeitpunkt kann er über das IBIS-System direkt mit anderen Händlern ins Geschäft kommen. Ab 10.30 Uhr beginnt die Präsenzbörse. Sie findet in einem Saal in der Börse statt. Der Börsensaal hat einen Parkettfußboden, weshalb man diese Form des Handels auch Parketthandel nennt. Um 13.30 Uhr ist der Präsenzhandel beendet, der Handelstag aber ist noch lange nicht zu Ende. Bis 17.00 Uhr können die Makler über das IBIS-System weiter Handel betreiben.

An jeder Börse gibt es eine Handelsüberwachungsstelle, deren Mitarbeiter darüber wachen, dass der Handel fair durchgeführt wird. Der Grund: Es gibt eine ganze Menge Tricks, wie sich Makler auf Kosten von Kleinanlegern bereichern können. Um dies zu verhindern, ist die Börsenaufsicht berechtigt, die Orderbücher der Händler, in die alle Geschäfte eingetragen werden müssen, jederzeit einzusehen. Ungereimtheiten werden meistens bald erkannt.

Der Börsentag beginnt um 8.30 Uhr und endet um 17.00 Uhr. Die Akteure an der Börse sind Makler, sowohl amtliche Makler wie auch Freimakler. Sie bilden aufgrund von Angebot und Nachfrage die Marktpreise.

Die Sprache der Börse

Selbstverständlich hat auch die Börse ihre eigene Sprache.

Erwähnt wurde bereits der Begriff *Parkett*. Damit meint man natürlich nicht den so bezeichneten Holzfußboden, wenngleich dieser Begriff sich davon ableitet. Parkett ist der Börsensaal im Sinne einer Handelsplattform.

Den *Berufshandel,* also all die Makler und Bankvertreter, die auf dem Parkett arbeiten, nennt man auch *Kulisse.*

Sehr fantasiereich sind die Charakterisierungen der Kurstendenzen. Mit *lustlos* meinen die Börsianer, dass nicht viel los war. *Schwach* und *abbröckelnd* erklären sich selbst. *Behauptet* bedeutet, dass sich der Kurs nicht verändert hat. Bei *freundlich* kann man davon ausgehen, dass die Kurse steigen.

Häufig hört man von *Bullen* und *Bären.* Von Bullen spricht man, wenn die Kurse steigen, von Bären, wenn die Kurse fallen. Auf Englisch hört sich das ähnlich an: *Bull-* und *Bear-Market.* Auf Französisch gebraucht man die Begriffe *Hausse* und *Baisse.* Hausse bedeutet steigende und Baisse fallende Kurse.

Und häufig liest man auch *Performance.* Hierunter versteht man die Kursentwicklung eines Marktes oder eines Wertes.

3.
Der Aktionär als Geldanleger

Welche Ziele hat ein Geldanleger?

Warum legt man sein Geld in Aktien an? Die Frage ist eigentlich recht einfach zu beantworten. Es gibt für einen Geldanleger im Grunde nur eine einzige Motivation: Er will einen Vermögenszuwachs realisieren bzw. eine gute Rendite erwirtschaften. Was das Geschäft mit den Aktien für viele besonders reizvoll macht, liegt in seiner Natur begründet: Anders als bei anderen Anlageformen sind weder Laufzeit noch die Höhe des Gewinns von vornherein festgelegt. Zudem kommt es viel stärker auf das eigene Zutun an bzw. auf die richtige »Nase« dafür, wann und wo sich Investitionen auszahlen. Am Ende kann ein überdurchschnittlicher Vermögenszuwachs stehen, aber auch Verluste sind möglich. Die Anlage in Aktien ist auch ein Spiel mit dem Risiko, das unterschiedlichen Persönlichkeitstypen erlaubt, sich auf verschiedene Weise zu engagieren.

In statistischen Untersuchungen haben sich fünf Grundtypen herauskristallisiert.

Der Leichtsinnige
Der Leichtsinnige liebt die risikoreiche Anlage, ist aber nicht in der Lage, seine Anlage auch richtig zu kontrollieren. So geschehen häufig Fehlentscheidungen bzw. richtige Entscheidungen werden nicht konsequent verwirklicht. Ungefähr 10 % der deutschen Geldanleger gehören zu diesem Typ.

Der Sicherheitstyp
Der Sicherheitstyp geht keinerlei Risiko ein. Er bevorzugt eher einen geringen Zinsertrag, als dass er in Aktien investiert, die auch einmal im Kurs verlieren könnten. Dazu zählen 25 % aller deutschen Geldanleger.

Der Bedächtige
Auch der Bedächtige ist sicherheitsorientiert. Er begreift aber den Zusammenhang zwischen Rendite und Sicherheit und versucht sich in diesem Bereich zu bewegen. Seine Devise ist: kontrolliertes Risiko. 25 % aller deutschen Geldanleger gehören zu diesem Typ.

Der Denker
Der Denker ist durchaus bereit, ein Risiko einzugehen. Es kann auch sein, dass er einen Teil seines Kapitals bewusst spekulativ anlegt. Das geschieht aber bedacht. Das Risiko wird definiert und eingegrenzt und dann logisch gehandelt. Ungefähr 20 % aller deutschen Geldanleger gehören zu diesem Typ.

Der Spieler
Der Spieler liebt das Risiko. Er geht ein hohes Risiko ein, aber er kann es auch weitgehend kontrollieren. Er will besser sein als andere Anleger. Verluste müssen einkalkuliert werden. Auf ungefähr 20 % aller deutschen Anleger trifft diese Charakterisierung zu.

Die Rendite bestimmt sich aus Kapitalzuwachs und Kapitalertrag, zum einen aus der Differenz zwischen dem, was für die Aktie bezahlt und zu welchem Preis sie wieder verkauft wurde, und zum anderen aus den Einnahmen durch ausgeschüttete Dividenden. Daneben gilt es für Anleger, den Faktor Sicherheit, oder anders ausgedrückt, das Risiko auf Wertverlust und die Liquidität, also die Möglichkeit der Umwandlung der Aktien in Geld, zu berücksichtigen.

> *Die Anlageziele einer Aktienanlage sind Kapitalzuwachs und Kapitalertrag. Die Randbedingungen ergeben sich aus Liquidität und Sicherheit.*

Was versteht man unter Liquidität einer Aktienanlage?

Die Liquidität beschreibt, wie schnell man eine Geldanlage kaufen und verkaufen kann.
Sie unterteilt sich in folgende Kriterien:

- Mindestanlagebetrag
- Laufzeit
- Kündigungsmöglichkeit
- Verkaufsmöglichkeit
- Beleihungsmöglichkeit

Der *Mindestanlagebetrag*, den man für den Kauf einer Aktie aufbringen muss, ist gering. Auch der Besitz von nur einer Aktie berechtigt dazu, sich Aktionär oder Aktionärin zu nennen. Will man eine 5 DM-Aktie erwerben, kann man sie meist schon zum Kurswert von 30 bis 90 DM erhalten. Der Mindestbetrag, um ins Geschäft mit den Aktien einzusteigen, ist nicht hoch. Allerdings muss man auch fragen, ob dies wirtschaftlich sinnvoll ist, da bei Kauf und Verkauf häufig ⇒ Mindestgebühren anfallen, die bei Kauf und Verkauf einer Aktie überproportional ins Gewicht fallen.

Laufzeit, Kündigungsmöglichkeit und *Verkaufsmöglichkeit* ergänzen sich. Da die Aktie an der Börse gehandelt wird, ist sie im Allgemeinen sofort verkaufbar (amtlicher Handel). Dennoch ist zu bedenken, dass der Kursverlauf einer Aktie Höhen und Tiefen aufweist. Um also nicht gerade zum Tiefstwert eine Aktie verkaufen zu müssen, sollte man die (finanzielle) Möglichkeit haben, abzuwarten, bis sich eventuell der Kurs wieder erholt hat.

TIP: Eine Aktienanlage sollte man nicht als kurzfristige Anlage ansehen. Wenn man die Aktienanlage als eine langfristige Geldanlage akzeptiert, kann man in Ruhe die Kursentwicklung betrachten und eventuelle Kurseinbrüche auch »aussitzen«.

Natürlich gibt es auch die Möglichkeit, sein Aktiendepot zu *beleihen*, das heißt einen Geldkredit von der Bank zu erhalten und als Sicherheit das Aktiendepot einzusetzen. Die Geldhäuser nehmen jedoch kräftige Abschläge vor. Je nach der Art der Aktien muss man mit Abschlägen von 20 bis 50 % rechnen.

☞ *Grundsätzlich zeichnet sich eine Anlage in Aktien durch hohe Liquidität aus. Dennoch sollte man sie als langfristige Investition ansehen, so dass man nicht gezwungen ist, zu einem bestimmten, vielleicht ungünstigen Zeitpunkt zu verkaufen.*

⇒ Gebühren: s. Kap. 4, Was kostet die Aktienanlage? S. 76

Welche Sicherheit bietet eine Aktienanlage?

Das Risiko bzw. die Sicherheit einer Geldanlage lässt sich in folgende Teilaspekte untergliedern:

- Bonitätsrisiko
- Inflationsrisiko
- Änderungsrisiko im laufenden Ertrag
- Währungsrisiko
- Wertveränderungs- oder Kursrisiko

Bonitätsrisiko: Selbstverständlich ist mit dem Bonitätsrisiko zu rechnen. Ein Unternehmen muss nicht gleich Pleite gehen, aber bereits geringfügige Zweifel an der Bonität eines Unternehmens können zu größeren Kursverlusten führen.

Die Fahrradfabrik AG ist eigentlich eine grundsolide Aktiengesellschaft. Es ergaben sich jedoch Anlaufschwierigkeiten mit dem neuen Werk in Tschechien. Das Unternehmen kam kurzfristig in Zahlungsschwierigkeiten. Kaum wurde dies der Öffentlichkeit bekannt, sank der Kurs von 90 auf 77 DM. Das waren immerhin 14,4 % Kursverlust innerhalb weniger Tage.

Jede Geldanlage trägt das allgemeine *Inflationsrisiko*. Es stellt sich die folgende Frage: Deckt die Geldanlage die Inflation ab? Gerade eine Anlage in Aktien bietet die Möglichkeit einer Kursentwicklung, die weit über der Inflationsrate liegt. Ein Vergleich mit anderen Anlageformen zeigt, dass Aktien in der Vergangenheit besonders gut geeignet waren, das Inflationsrisiko so gering wie möglich zu halten.

Der *laufende Ertrag* einer Aktienanlage sind die Dividenden. In der Vergangenheit schütteten die Unternehmen weitgehend konstante Dividenden aus. Dabei wird immer wieder gefordert, dass sich Dividenden stärker an der Ertragslage des Unternehmens orientieren sollen. Dies bedeutet in den meisten Fällen zwar höhere Dividendenzahlungen, aber auch ein höheres Änderungsrisiko im laufenden Ertrag, das heißt die Höhe der Dividenden variiert stärker.

Das *Währungsrisiko* hat man bei einer Geldanlage an einer deutschen Börse nicht zu befürchten, da die Aktien in DM notiert werden.

Jede Anlage in Aktien ist vom *Wertveränderungs-* oder *Kursrisiko* geprägt. Sowohl volkswirtschaftliche Entwicklungen wie auch betriebswirtschaftliche Ereignisse (Ergebnisentwicklung) bestimmen die Kursentwicklung einer Aktie. Da jede Anlage in Aktien von Kursveränderungen geprägt ist, werden Aktien auch teilweise als »unsichere« Geldanlage bezeichnet. Sieht man eine Anlage in Aktien jedoch als eine langfristige Anlage, kann man Kursschwankungen aussitzen und den Zeitpunkt des Verkaufs in aller Ruhe bestimmen. Damit verringert sich auch das Kursrisiko.

Nachdem die Fahrradfabrik AG die Fertigung in Tschechien in den Griff bekommen hatte, stiegen die Aktien wieder kontinuierlich an. Nach einiger Zeit erreichten sie einen Kurswert von 100 DM. Wer die Krise »aussitzen« konnte, verkaufte die Aktien erst bei hohem Kursgewinn (100 DM) und realisierte einen ansehnlichen Gewinn.

Die Veränderungsbreite eines Aktienkurses bezeichnet man auch mit ⇒ *Volatilität*. An der deutschen Börse werden regelmäßig die Volatilitäten berechnet. Damit wird die durchschnittliche Schwankung der Tagesrendite einer Aktie ausgedrückt. Man unterscheidet zwischen einer 30-Tages- und einer 250-Tages-Volatilität. Die Erstere zeigt die Schwankungsbreite über einen verhältnismäßig kurzen, die Zweite die über den Zeitraum von fast einem Börsenjahr an.

Eine Geldanlage in Aktien unterliegt einem Wertveränderungsrisiko des Kurses. Sieht man die Aktienanlage jedoch als eine langfristige Geldanlage an, kann man Kursschwankungen gut aussitzen und schließlich ein positives Ergebnis erzielen.

⇒ Volatilität: s. Kap. 5, Was ist Volatilität? S. 105

Wie bestimmt sich die Rendite von Aktien?

Was ist die Rendite von Aktien?

Zunächst ist die Antwort noch recht einfach: Die Rendite ergibt sich aus der Gegenüberstellung von Einnahmen und Ausgaben. Die effektive Rendite kann man bei Aktien erst im Nachhinein berechnen, also wenn man die Aktien wieder verkauft hat.

Zunächst wird der *Kapitalzuwachs*, das heißt die Differenz zwischen *Kauf-* und *Verkaufskurs* berücksichtigt.

Kauft man Aktien, die ein hohes Kurssteigerungspotential haben, muss man sich natürlich auch über die Kehrseite der Medaille im Klaren sein. Die Aktienkurse können auch wieder fallen. Es gibt allerdings auch Aktientitel, die sich weitgehend kontinuierlich entwickeln. Hierunter fallen insbesondere ⇒ Blue Chips-Titel.

Die Dividenden stellen den *laufenden Ertrag* dar. Sie sind zum Kapitalzuwachs zu addieren. Weiterhin gehören zur Erlösseite alle Gratisaktien und Bezugsrechte.

Abzusetzen sind die *Kosten*. Man unterscheidet zwischen

- Kosten beim Erwerb
- Kosten für die Verwaltung
- Kosten beim Verkauf

Die Kosten beim Erwerb und beim Verkauf von Aktien sind gleich: 1 % des Kurswertes nimmt die Bank, 0,6 bis 0,75 ‰ (Promille) sind für den Börsenmakler. Hinzu kommen unter Umständen Limitgebühren in Höhe von 5 bis 8 DM, wenn man Order gibt, Aktien nicht unter einem bestimmten Kurswert zu verkaufen.

Für die Verwaltung verlangen die Banken 0,5 bis 1,5 % des Depotwertes. Nicht vergessen sollte man auch die Kosten für ein Girokonto. Es ist für die Verrechnung von Käufen und Verkäufen notwendig.

Die Kosten können bei der Einschaltung eines ⇒ Discount Brokers geringer werden.

Aktionär A kaufte am 1. Januar 50 Aktien der Fahrradfabrik AG um 100 DM das Stück. Gesamtbetrag: 5000 DM.
An Kosten musste er an die Bank 50 DM entrichten und an den Makler 3 DM.
Die Aktien werden ein Jahr im Depot gehalten. Es fallen an Verwaltungskosten 25 DM (Mindestgebühren) an.
Der Aktionär verkaufte am 31. Dezember desselben Jahres 50 Aktien der Fahrradfabrik AG um 120 DM das Stück. Gesamtbetrag: 6000 DM.
Die Bank stellte 60 DM in Rechnung, der Makler 3,60 DM.
An Dividenden wurden im Laufe des Jahres 10 % auf den Nennwert bezahlt, also 25 DM. Bezugsrechte oder Gratisaktien gab es nicht.

Die Rendite errechnet sich nun folgendermaßen:

Differenz zwischen Kauf- und Verkaufskurs:	1000,00 DM
+ *Dividende*	25,00 DM
= *Einnahmen*	1025,00 DM
Kosten beim Erwerb	53,00 DM
+ *Kosten für die Verwaltung*	25,00 DM
+ *Kosten beim Verkauf*	63,60 DM
= *Kosten*	141,60 DM
Einnahmen	1025,00 DM
– *Kosten*	141,60 DM
= *Ergebnis (Rendite)*	883,40 DM
	(17,7 %)

👉 **Die Rendite einer Aktienanlage bestimmt sich aus Wertzuwachs, laufenden Dividendenzahlungen und Kosten für Kauf, Verkauf und Verwaltung.**

⇒ Blue Chips: s. Kap. 2, Die verschiedenen Handelsarten, S. 51
⇒ Discount Broker: s. Kap. 4, Wer hilft beim Aktiengeschäft? S. 71

Aktiengewinne und die Steuer

Zunächst die erfreuliche Aussage: Kursgewinne sind steuerfrei – jedoch nur, wenn die Aktien nicht innerhalb einer Frist von sechs Monaten wieder verkauft werden. Sonst ist darauf Einkommensteuer zu entrichten. Man bezeichnet diese Steuer auch etwas salopp als Spekulationssteuer. Bei der Sechs-Monats-Frist ist zu bedenken, dass das Finanzamt diese immer vom letzten Aktienkauf her berechnet. Das Finanzamt geht also davon aus, dass die zuletzt gekauften Aktien auch zuerst wieder verkauft werden. Wenn also ein Aktionär am 1.1. 50 Aktien kauft und am 1.3. nochmals 60 Stück des gleichen Unternehmens erwirbt sowie am 1.6. weitere 50 Aktien und am 1.7. 50 Aktien verkauft, berechnet das Finanzamt Spekulationssteuer. Denn das Finanzamt rechnet nicht, am 1.1. gekauft, am 1.7. verkauft, also mehr als sechs Monate im Besitz des Aktionärs, sondern: am 1.6. gekauft und am 1.7. verkauft, also weniger als sechs Monate im Besitz des Aktionärs. Spekulationssteuer fällt an. Diese Rechenmethode kann man nur umgehen, wenn man drei verschiedene Depots eröffnet.

Für die Spekulationssteuer gibt es eine Freigrenze. Kursgewinne unter 1 000 DM sind nicht steuerpflichtig. Übersteigt der Kursgewinn jedoch diese Freigrenze von 1 000 DM, muss der gesamte Betrag versteuert werden. Weiterhin kann man Kursverluste gegenrechnen.

Der Aktionär Z hatte den richtigen Riecher. Er kaufte Aktien der Fahrradfabrik AG, als diese mit ihrem Tschechieninvestment in Schwierigkeiten geraten war. 50 Aktien erstand er zum Kurs von 78 DM. Nach fünf Monaten stieg der Kurs auf 101 DM. Er verkaufte die Aktien wieder und strich einen Gewinn von 1 150 DM ein. Das überstieg aber die Freigrenze von 1 000 DM. Pech für ihn. Nun musste er auf die gesamte Summe Steuern bezahlen. Bei einem Steuersatz von 40% immerhin 460 DM. Wie wäre das zu vermeiden gewesen? Aktionär Z hätte andere Aktien innerhalb der Halbjahresgrenze mit Verlust verkaufen können, um den Gesamtgewinn auf 999 DM zu begrenzen.

Bei den Dividenden ist das Thema Steuer etwas komplizierter: Die Dividende wird um die Kapitalertragssteuer (25%) gekürzt. Die Kapitalertragssteuer wird beim Jahressteuerausgleich mit der Einkommensteuer verrechnet. Befindet man sich innerhalb des Steuerfreibetrages (und Werbungskostenpauschale) von 6 100 DM (bzw. 12 200 DM bei Verheirateten), muss man überhaupt keine Kapitalertragssteuer bezahlen. Zusätzlich erhält man noch eine Steuergutschrift über die Körperschaftssteuer, denn das Unternehmen hat den Bilanzgewinn bereits versteuert. Die Steuergutschrift soll eine Doppelbesteuerung vermeiden.

Beispiel:
Bruttodividende	100,00 DM
abzüglich Körperschaftssteuer	30,00 DM
Bardividende	70,00 DM
abzüglich Kapitalertragssteuer	17,50 DM
(25 % von 70 DM)	
Nettodividende	52,50 DM

Hat der Aktionär keinen Freistellungsantrag gestellt, erhält er zunächst nur 52,20 DM.

Legt ein Aktionär einen Freistellungsantrag vor, erhält er die Bruttodividende von 100 DM. Versteuern muss der Aktionär auf jeden Fall die Bruttodividende in Höhe von 100 DM als Einkommen aus Kapitalvermögen.

☞ *Kursgewinne sind steuerfrei, die Dividendenzahlungen unterliegen der Kapitalertragssteuer. Eine Steuergutschrift vermeidet die Doppelbesteuerung.*

4.
Aktieninvestment praktisch

Wer hilft beim Aktiengeschäft?

Die wichtigsten Partner für den Geldanleger sind zunächst die Bank und dann der Broker (oder auch Makler). Da der Privatanleger an der ⇒ Börse nicht direkt agieren kann, ist er gut beraten, alle Aktiengeschäfte über eine Bank abzuwickeln. Dazu wählt man sinnvollerweise die Hausbank, da der Anleger hier auch ein Girokonto unterhält, über das Käufe und Verkäufe abgewickelt werden.

Die Bank schaltet ihrerseits den Makler oder Broker ein. Er erhält von der Bank die entsprechenden Aufträge und setzt diese an der Börse um. Er schließt die tatsächlichen Geschäfte ab, indem er an der Börse nach entsprechenden Kauf- oder Verkaufsangeboten sucht.

In jüngster Zeit haben sich sogenannte Discount Banken oder Discount Broker etabliert. Beide schließen im Auftrag ihrer Kunden Wertpapiergeschäfte ab. Dabei haben Discount Banken auch noch andere Bankangebote im Programm, Discount Broker kümmern sich jedoch nur um den Wertpapierhandel. Ihnen ist eines gemeinsam. Sie verzichten auf Beratung und bieten dafür attraktive Konditionen. Daher auch der Name: Discount Broker steht für Billiganbieter.

Discount Broker bieten dem Anleger den Zugang zu den Börsen, allerdings ohne Beratung. Die Anleger müssen daher genau wissen, was sie kaufen oder verkaufen wollen und welche Informationen sie für die Order liefern müssen. Der Geschäftsverkehr mit Discount Brokern erfolgt in der Regel telefonisch, per Fax oder mit einem Btx-Anschluss. Die meisten Discount Broker sind Tochterunternehmen von großen Geschäftsbanken. Die Preise für Wertpapierbewegungen und Wertpapierverwahrung dieser Institute liegen bis zu 90 % unter denen normaler Banken.

In der Praxis sollte man jedoch genau prüfen, ehe man sich bindet. Discount Broker sind günstig bei Aufträgen über 5 000 DM und noch günstiger ab 20 000 DM, weil sie häufig Staffelgebühren bieten. Sie sind jedoch teuer (und auch teurer als traditionelle Geschäftsbanken) bei Kleinaufträgen, da sie hohe Mindestgebühren in Rechnung stellen.

> Discount Broker wickeln für den Privatanleger das Wertpapiergeschäft ab. Sie verzichten weitgehend auf Beratung und bieten dafür attraktive Konditionen.

Im Folgenden sind einige Discount Banken bzw. Broker genannt:

- Advance Bank: Tel.: 01803/33 00 00
- Allgemeine Deutsche Direktbank: Tel.: 069/2 72 22 27
- American Express Bank: Tel.: 069/97 97 44 44
- Bank 24: Tel.: 01803/24 00 00
- Bank GiroTel: Tel.: 0180/3 25 02 50
- Citibank Privatkunden AG: Tel.: 0180/3 32 21 11
- Comdirect Bank: Tel.: 0180/3 33 64 44
- ConSors: Tel.: 01803/25 25 10
- Deutsche Kredit- und Handelsbank: Tel.: 0130/84 02 00
- Direkt Anlage Bank: Tel.: 0180/2 25 45 00
- Dresdner Bank: Tel.: 0130/83 77 77
- Landesbank Berlin: Tel.: 030/86 98 69 50
- Quelle Bank: Tel.: 0130/20 30
- Santander Direkt Bank: Tel.: 0180/3 50 00
- Sparda Bank: Tel.: 069/7 53 73 89

✍ *Der Partner beim Wertpapiergeschäft ist für den Privatanleger zunächst die Hausbank, die ihrerseits einen Makler einschaltet. Immer üblicher wird aber auch die direkte Beauftragung eines sogenannten Discount Brokers.*

⇒ Börsenzulassung: s. Kap. 2, Präsenzbörse und Computerbörse, S. 49

Wie kauft man Aktien?

Der Kauf von Aktien ist einfacher, als viele denken. Man gibt seiner Bank einen entsprechenden Auftrag, Fachleute nennen dies Order. Man kann die Order dem Berater am Bankschalter geben, man kann sich an einen Mitarbeiter in der Wertpapierabteilung wenden oder man kann – wenn man bei der Bank bekannt ist – die Order auch per Telefon oder Fax erteilen.

> Der Auftrag an eine Bank zum Kauf oder Verkauf von Aktien heißt Order.

Aus der Order muss ersichtlich sein:
- Name des Auftraggebers
- Depotnummer
- Kontonummer des Auftraggebers
- Name der Aktie (ggf. Wertpapierkennnummer)
- Gewünschte Stückzahl
- Der Wunsch zu *kaufen*
- An welcher Börse gekauft werden soll
- Limit oder »billigst«

Billigst bedeutet, dass zum amtlichen Kassakurs (also auf jeden Fall) gekauft werden soll.

Gibt man ein Limit an, so bedeutet dies, dass die Aktie erst dann gekauft wird, wenn der Kurswert das Limit erreicht hat. Ein Limit hat im Normalfall Gültigkeit bis Ultimo, das heißt bis Ende des Monats, und muss dann gegebenenfalls neu beantragt werden. Zu beachten ist: Ein Limit kostet zusätzliche Gebühren: je nach Bank zwischen 5 und 8 DM.

Über ein Girokonto wird der Zahlungsverkehr abgewickelt, das heißt die Bank bucht ab und schreibt beim Verkauf entsprechend gut. Es ist problemlos, ein Girokonto zu eröffnen: entweder am Bankschalter beantragen oder schriftlich bei einer Discount Bank.

> *Will man Aktien kaufen, gibt man seiner Bank eine entsprechende Order.*

Wie werden Aktien aufbewahrt?

Die Aktien werden in aller Regel von der Bank aufbewahrt, der man auch den Kaufauftrag gegeben hat. Man muss lediglich ein Depot eröffnen. Das ist aber nicht komplizierter, als ein Girokonto zu eröffnen. Beides benötigt man, um »ordentlich« am Aktiengeschäft teilnehmen zu können.

Man bekommt heute – wenn man es nicht ausdrücklich wünscht – keine Aktien-Wertpapiere mehr in die Hand gedrückt. Die Kauf- oder Verkaufsabrechnung ist die Quittung über die Bewegung im Aktiendepot. Hat man also z. B. 50 Aktien gekauft, bestätigt dies die Bank.

Von Girosammelverwahrung spricht man, wenn eine zentrale Wertpapierbank die Aktien einer bestimmten Emission für mehrere Anleger zusammen verwaltet. Der Anleger erwirbt mit seinem Kauf einen Anspruch auf einen Anteil der Wertpapiere dieser bestimmten Emission. Er hat aber keinen Anspruch auf effektive Stücke mit den entsprechenden Stücknummern.

Im Gegensatz dazu spricht man von Streifbandverwahrung, wenn der Anleger einzelne, identifizierbare Stücke erhält, die im Depot mit einem Streifband zusammengehalten sind, auf dem der Name des Eigentümers vermerkt ist. Da diese Prozedur für die Bank natürlich wesentlich umständlicher ist, sind die ⇒ Depotgebühren auch höher: Sie betragen das 2- bis 2,5-fache der Girosammelverwahrung. Darüber hinaus muss man auf den Service der Bank für »automatische« Dividendenzahlungen verzichten und die Kupons persönlich einlösen.

TIP: Die Girosammelverwahrung ist für den normalen Anleger kostengünstig und praktisch, mit einem Wort ausreichend. Die Streifbandverwahrung hat heute ausgedient.

Die Gebühren, die für eine Sammeldepotverwahrung verlangt werden, sind von Bank zu Bank durchaus unterschiedlich. Die Sätze reichen von 0,2 bis 1,5 % vom Kurswert. Manchmal bezieht sich der Prozentsatz auch auf den Nennwert. Weiterhin kann es Regelungen über Mindestbeträge je Depot und/oder je Position geben. Am günstigsten sind die Discount Broker. Es empfiehlt sich, auf jeden Fall Preisvergleiche über die Gesamtkosten (Kauf- und Verkaufsspesen, Depotgebühren, Gebühren für Girokonto) vorzunehmen.

Die Aktienverwaltung erfolgt heute weitgehend in Form der Girosammelverwahrung. Dabei erhält der Aktionär die Aktien nicht mehr ausgehändigt. Sie werden in einem zentralen Bankdepot aufbewahrt.

⇒ Gebühren: s. Kap. 4, Was kostet die Aktienanlage? S. 76

Wie verkauft man Aktien?

Der Verkauf erfolgt im Prinzip wie der Kauf. Man gibt seiner Bank einen entsprechenden Auftrag oder eine Order. Die Order wird von dem Berater am Bankschalter oder einem Mitarbeiter in der Wertpapierabteilung entgegengenommen. Man kann auch – wenn man bei der Bank bekannt ist – die Order per Telefon oder Fax erteilen.

Aus der Order muss ersichtlich sein:

- Name des Auftraggebers
- Depotnummer
- Kontonummer des Auftraggebers
- Name der Aktie (ggf. Wertpapierkennnummer)
- Gewünschte Stückzahl
- Der Wunsch zu *verkaufen*
- Ort der Börse, an der verkauft werden soll
- Limit oder »bestens«

Bestens bedeutet, dass zum amtlichen Kassakurs (also auf jeden Fall) verkauft werden soll. Gibt man ein Limit an, so bedeutet dies, dass die Aktie erst dann verkauft werden soll, wenn der Kurswert das Limit erreicht hat. Ein Limit hat auch hier im Normalfall Gültigkeit bis Ultimo, also bis Ende des Monats, und es kostet zusätzliche Gebühren: je nach Bank zwischen 5 und 8 DM.

> *Will man Aktien verkaufen, gibt man seiner Bank eine entsprechende Order.*

Was kostet die Aktienanlage?

Selbstverständlich werden Banken und Makler für den Anleger nicht kostenlos tätig. Ihre Leistung kostet Geld.

Jeder Kauf und Verkauf kostet die sogenannte Provision. Sie beläuft sich bei Aktien auf 1 % des Kurswertes, wobei die meisten Banken Mindestgebühren verrechnen, die zwischen 25 und 50 DM liegen. Hinzu kommt die Makler-Courtage mit 0,6‰ auf den Kurswert.

Weiterhin verrechnen Banken auch noch einen pauschalen Spesensatz für sonstige Abwicklungskosten.

Und außerdem muss man auch noch die Depotkosten berücksichtigen. Sie betragen zwischen 0,5 und 0,8 % des Kurswertes der im Depot befindlichen Aktien.

Attraktiver sind auf den ersten Blick die Discount Broker. Sie berechnen zwischen 0,05 und 0,5 % für Provision und Makler-Courtage zusammen. Bei genauerem Hinsehen stellt sich jedoch heraus, dass die Provisionen gestaffelt sind. Interessant wird es erst, wenn man mit einem Aktienauftrag 10 000 DM und mehr bewegt. Das ist bei vielen Kleinanlegern jedoch nicht der Fall. Bei Kleinaufträgen sind die Discount Broker sogar teurer, weil sie relativ hohe Mindestgebühren verlangen.

TIP: Für Kleinanleger mit einem Depot von 50 000 DM und circa 10 Dispositionen im Jahr ist die Hausbank meistens besser geeignet. Bei einem Depot von 150 000 DM und ebenfalls 10 Bewegungen sind die Discount Broker im Vergleich günstiger.

Eines ist auf jeden Fall sicher: Jeder Anleger sollte die Konditionen genauestens vergleichen, ehe er sich für seinen Partner entscheidet. Aussagekräftige Vergleiche finden sich häufig in den Wirtschaftsmagazinen. Die gründliche Lektüre macht sich bezahlt.

Die Kosten der Aktienanlage bestehen aus Provisionen und Makler-Courtage bei An- und Verkauf sowie aus Depotkosten. Discount Makler sind für Anleger von größeren Beträgen interessant.

Die eigene Erfolgskontrolle

Die Banken können zwar die Verwaltung der Aktienbestände übernehmen, die individuelle Erfolgskontrolle muss jedoch jeder Aktionär selbst vornehmen. Eine einfache Tabelle genügt für diesen Zweck. Man kann sich natürlich auch ein Datenverarbeitungs-Programm kaufen; auf dem Markt werden unterschiedliche angeboten. Bekannt sind insbesondere »Money« und »Quicken«. Um eine Erfolgsanalyse aufzustellen, sind folgende Daten wichtig:

- Aktienbezeichnung (und u. U. Wertpapierkennnummer)
- *Kauf*datum
- Stückzahl
- Kaufkurs
- Spesen beim Kauf
- Kaufbetrag (Stückzahl × Kaufkurs + Spesen)
- *Verwaltungs*kosten
- Dividende
- *Verkaufs*datum
- Stückzahl
- Verkaufskurs
- Spesen beim Verkauf
- Verkaufsbetrag (Stückzahl × Verkaufskurs − Spesen)
- *Ertrag* (Verkaufsbetrag + Dividenden − Kaufbetrag)

Man kann weiterhin bei jedem Kauf einer Aktie das Gewinnziel definieren. Daraus ergibt sich der prognostizierte Verkaufskurs: z. B. Kaufkurs + 10 % (Gewinnziel) + 3 % (durchschnittliche Kosten für Kauf, Verkauf und Verwaltung).

Das folgende Beispiel zeigt, wie einfach die Erfolgskontrolle durchgeführt werden kann:

Am 22.1. wurden 160 Aktien zum Kurs von 70,30 DM gekauft. Die Spesen für den Kauf betrugen 137,46 DM. Also kostete das Investment die Summe von 11 385,46 DM. Das Gewinnziel wird mit 10 % angegeben. Das entspricht einem prognostizierten Verkaufskurs von 79,65 DM. Er errechnet sich aus Kaufkurs zuzüglich 10 % Gewinnziel und 3 % Spesen (Kauf, Verkauf, Verwaltung).

Verkauft wurde am 29.11. zu einem Kurs von 97,20 DM. Bei Spesen von 175,96 DM kommt ein Verkaufserlös von 15 376,04 DM in die Kasse. Gewinn nach Abzug aller Kosten

3 969,15 DM. Das Kalkül ging auf: mehr als dreimal so viel Gewinn wie geplant.

	Aktie:	Fahrradfabrik AG		
Kauf Datum 22.1.	Stück 160	Kurs 70,3	Spesen 137,46	Betrag −11385,46
Gewinnziel und prognostizierter Verkaufskurs		10 % 70,3 + 10 % + 3 % = 79,65	1138,50	
Verwaltung			56,93	− 56,93
Dividende				+ 35,50
Verkauf Datum 29.11.	Stück 160	Kurs 97,2	Spesen 175,96	Betrag +15376,04
Gewinn				+ 3969,15

Die Erfolgskontrolle sichert das Ergebnis der Investition. Für sie ist jeder Anleger selbst verantwortlich.

5.
Analyse und Kennzahlen

Vor der Strategie steht die Analyse

Die einfache Strategie lautet: Man kaufe Aktien, wenn sie ihren niedrigsten Kurs haben, und verkaufe sie bei ihrem höchsten Kurs. Klar, nur diesen Anspruch schaffen nicht einmal die besten Profis.

Die Kurse und ihre Entwicklung haben viel mit Psychologie zu tun. Sie drücken Erwartungen aus und nicht unbedingt die reale Situation. Dies kann bedeuten, dass in einer Rezession die Aktienkurse steigen, und umgekehrt, im Konjunkturhoch die Kurse fallen. Das erklärt sich damit, dass die Anleger in der Rezession einen Konjunkturaufschwung erwarten bzw. im Konjunkturhoch eine Rezession befürchten. Diese Erwartungen und Befürchtungen schlagen sich in der aktuellen Kursentwicklung nieder.

Das bedeutet für den einzelnen Anleger, dass er sich mit dem Markt und seinen Auswirkungen auf die Kurse genau befassen muss.

Es gibt mehrere Analysemethoden, um sich diesem Ziel zu nähern:

Die *Globalanalyse* beschreibt die volkswirtschaftliche Situation und versucht, daraus die Kursentwicklung zu bestimmen.

Die *Fundamentalanalyse* nimmt neben den volkswirtschaftlichen Daten auch noch viele betriebswirtschaftliche Kennzahlen auf. Sie analysiert das Unternehmen und trifft aus der Bewertung Ableitungen für den Börsenkurs.

Die *technische Aktienanalyse* konzentriert sich auf den Kursverlauf und versucht, mit mathematischen Methoden die Entwicklung in die Zukunft zu bestimmen.

Chaosforscher und *Wellentheoretiker* verfechten einen mathematischen Ansatz, der vielen jedoch zu spekulativ erscheint.

Schließlich gibt es auch noch – nicht zu Unrecht – den *psychologischen Ansatz*. Er bekommt eine immer größere Bedeutung.

Nicht unumstritten sind *esoterische* und *astrologische Ansätze*. Die Börsenastrologen machen Voraussagen bezüglich der Entwicklung der Kurse aufgrund der Konstellation der Sterne.

✥ *Will man erfolgreich eine Anlagestrategie mit Aktien verwirklichen, muss man den Markt und seine Auswirkungen auf die Kurse genau überdenken.*

Was versteht man unter Globalanalyse?

Die Globalanalyse ist relativ leicht und deshalb auch von Laien durchzuführen. Ihr liegt die Annahme zugrunde, dass der Konjunkturverlauf von sogenannten volkswirtschaftlichen Indikatoren abhängig ist. Solche Indikatoren können sein:

- Auftragseingang in der Industrie
- Preisentwicklung der Konsumgüter
- Maßnahmen der Regierung (Investitionsprogramme)
- Verhalten der Bundesbank
- Veränderungen der Leitzinssätze
- politische Ereignisse

Leider gibt es keine ausschließlichen Rückwirkungen, da im Normalfall immer mehrere Indikatoren variieren. Aber in einigen Beispielen soll der mögliche Zusammenhang gezeigt werden.

Steigt der Auftragseingang in der Industrie, könnte das steigende Aktienkurse ergeben – wenn die Anleger auch höhere

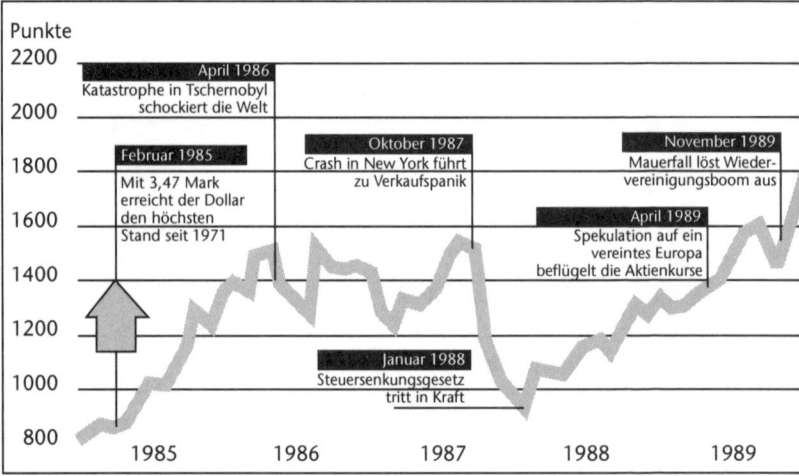

Abbildung 1: Die Grafik zeigt die Abhängigkeit des DAX von volkswirtschaftlichen und politischen Ereignissen

Gewinne erwarten. Widersinnigerweise kann ein Steigen des Auftragseinganges auch zu einer Kursabschwächung führen, wenn die Anleger erwarten, dass der Absturz der Industrie hinterher um so tiefer ausfallen wird.

Steigen die Preise für Konsumgüter, könnte dies ein Indiz für fallende Kurse sein, da damit Kaufkraft abgeschöpft und die Inflation begünstigt wird.

Investitionsprogramme lassen die Kurse der Unternehmen dieser Branche zumindest kurzfristig immer steigen. Langfristig könnten sie auch fallen, wenn Investitionsprogramme zur Ausschaltung von Wettbewerb führen.

Und schließlich politische Ereignisse: Jede Wahl hat Auswirkungen auf die Aktienkurse. Die Frage ist nur, wie sicher ist der Wahlausgang. Ist er vorhersehbar, reagieren die Aktienmärkte auch vorhersagbar. Ist er eine Überraschung, schlagen die Kurse heftig nach oben oder unten aus.

Besonders der Beschluss zur Veränderung von Leitzinssätzen kann sehr große Kursänderungen mit sich bringen. Wenn die Bundesbank die Leitzinsen erhöht, steigen die Zinsen, das heißt

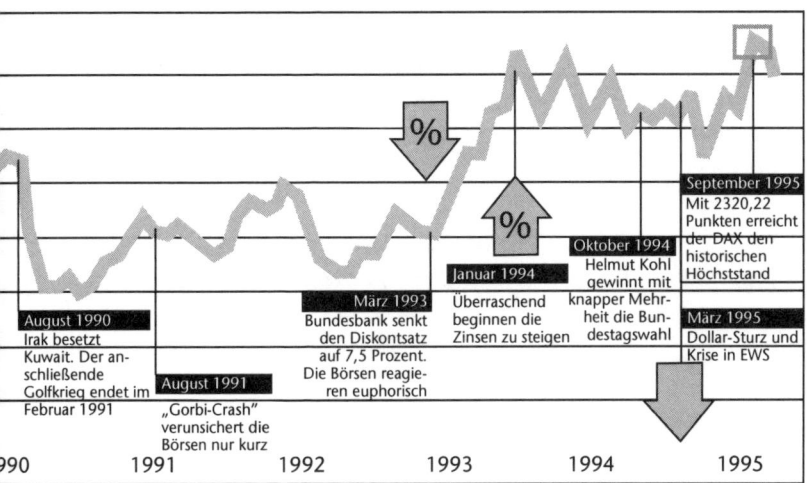

die Kredite werden teurer. Unternehmen werden dann weniger Kredite für Investitionen beantragen und die Geschäftsentwicklung damit abflachen. Die Aktien werden in Erwartung einer solch negativen Geschäftsentwicklung also sinken. Wird dann doch keine entsprechende Entscheidung getroffen, steigen die Kurse wieder; wurden die Leitzinsen erwartungsgemäß erhöht, bleiben die Kurse konstant; wurden die Leitzinsen über die Erwartungen hinaus erhöht, fallen die Kurse weiter.

Die Bundesbank hat eine große Macht, die Aktienkurse zu beeinflussen. Da genügt schon eine Rede des Bundesbankpräsidenten, in der er nebenbei erwähnt, die Aktienkurse müssten nicht immer steigen. Tatsächlich stürzen sie als Reaktion – zumindest kurzfristig – in den Keller.

Natürlich sind von einer solchen Entwicklung nicht alle Aktien gleichermaßen betroffen. Es gilt nun zu überlegen, wer von einer Zinserhöhung am meisten betroffen sein oder – im Gegenteil – sogar profitieren könnte.

Es war bekannt, dass die Fahrradfabrik AG sich in Tschechien mit dem Bau einer neuen Fabrik engagieren wollte. Dazu musste jedoch ein größerer Kredit aufgenommen werden. Der Kre-

dit fällt teurer aus als geplant, wenn die Bundesbank tatsächlich die Zinsen erhöhen sollte. Der Handel ließ daraufhin die Kurse des Unternehmens in Erwartung einer solchen Zinserhöhung leicht zurückgehen. Man spekulierte damit auf einen Ergebnisrückgang.

☞ **Wer sich planmäßig mit Aktienanlagen beschäftigen möchte, sollte sich mit volkswirtschaftlichen Faktoren befassen.**

Was ist die Fundamentalanalyse?

An dieser Stelle soll nur das Verständnis für die Fundamentalanalyse geweckt werden, da sie der Privatanleger sicherlich nicht selbständig vornehmen wird. Er wird sich eher auf die Arbeitsergebnisse von Instituten, Vermögensberatern und Banken verlassen, die in der Wirtschaftspresse publiziert werden.

Die Fundamentalanalyse unterteilt sich in

- gesamtwirtschaftliche Analyse
- Branchenanalyse und
- Einzelwertanalyse

Mit der *gesamtwirtschaftlichen Analyse* wird versucht, die Auswirkungen der Volkswirtschaft auf die Gesamtheit der Aktienkurse (DAX) zu beschreiben. Interessante Abhängigkeiten ergeben sich z. B. aus einer Änderung des DM-Kurses gegenüber dem US$, aus Beschlüssen, ob Zinsen gesenkt oder erhöht werden sollen, aus der allgemeinen Wirtschaftsentwicklung und der Zahl der Arbeitslosen. Alle diese Indikatoren stehen nicht isoliert, sondern sind miteinander verknüpft. Es entstehen Reaktionsketten, die sich in ihren Auswirkungen verstärken, abschwächen oder ausgleichen können. Der Fundamentalist versucht nun, aufgrund von Datenreihen aus der Vergangenheit eine Wiederholbarkeit von Reaktionsketten abzuleiten und damit die Entwicklung des Aktienmarktes vorherzusehen.

> Die gesamtwirtschaftliche Analyse eignet sich insbesondere dafür, einen Gesamttrend der Wirtschaft zu erfassen, also z. B. die Bewegungen des ⇒ DAX vorherzusagen.

Die *Branchenanalyse* setzt eine Ebene tiefer an. Mit ihrer Hilfe wird versucht, die Entwicklungen einer Branche und insbesondere ihre Abweichungen vom gesamtwirtschaftlichen Trend aufzuzeigen. Hier sind branchen-wirtschaftliche Faktoren von Bedeutung, wie etwa Investitionsbedarf, Modetrends, Wettbewerbslage, gesetzliche Bestimmungen, Rationalisierungsbedarf, Kapitalausstattung und andere Indikatoren. Gesetzliche Bestimmungen wie Kostendämpfungsgesetze im Gesundheitsbereich haben z. B. Auswirkungen auf die Entwicklung im Medizinbereich. Gesamtwirtschaftlich positive Entwicklungen können auf einzelne Branchen negativ wirken. Beispiel: Niedrige Zinsen und damit ein positives Umfeld für Aktien in Summe können aber auch zu einer Unterbewertung von Bankaktien führen, weil Banken an höheren Zinsen verdienen und bei einer allgemeinen Zinssenkung eben weniger Ertrag erwirtschaften.

> Mit der Branchenanalyse kann man versuchen, den Unterschied zur gesamtwirtschaftlichen Analyse auszuloten, um Investitionen gegen den Trend abzusichern.

Die *Einzelwertanalyse* versucht wiederum, einen einzelnen Aktienwert analytisch zu erfassen. Damit spitzt sich die Gesamtuntersuchung auf die möglichst genaue Prognose des Gewinns je Aktie zu. Denn von den Gewinnerwartungen einer Aktie ist schließlich die Kursentwicklung abhängig. Hier wird insbesondere die ⇒ Bilanz sowie die Gewinn- und Verlustrechnung Gegenstand der Analyse sein. Manche Analysten legen auch noch weit detailliertere Maßstäbe zugrunde.

> Die Einzelwertanalyse ist die Bewertung eines einzelnen Unternehmens nach betriebswirtschaftlichen Grundsätzen. Oberstes Gebot ist die Gewinnerwartung.

Eine typische Fragestellung für die Fundamentalanalyse könnte z. B. sein:
Wie ist der Zusammenhang zwischen Wachstum des Sozialprodukts und Aktientrend?
Grundsätzlich kann man davon ausgehen, dass zuerst die Aktienkurse steigen und dann die reale Entwicklung der Wirtschaft folgt. Genauso gilt es auch umgekehrt. Zuerst werden die Aktienkurse sinken, dann folgt die entsprechende wirtschaftliche Entwicklung. Für diese gesamtwirtschaftliche Betrachtung eignet sich als Kriterium besonders gut das Wachstum des Sozialprodukts. Wenn die Wirtschaft in die Flaute gerät, die Gewinne der Unternehmen sinken und die Arbeitslosenzahlen steigen, ist der Augenblick gekommen, in Aktien zu investieren. Das nennt man auch antizyklisches Handeln. Wenn es also der Wirtschaft schlecht geht, sollte man in Aktien investieren, und wenn es der Wirtschaft gut geht, wieder aussteigen. Da sich viele Anleger so verhalten, insbesondere viele institutionelle Anleger so verfahren, bemerkt man tatsächlich zuerst einen Aktienaufschwung, ehe die Wirtschaft folgt.
Dennoch, so einfach sind die Indikatoren natürlich auch wieder nicht zu interpretieren und viele Profis haben selbst Mühe, die richtige Ableitung zu treffen. Häufig überdecken sich verschiedene Signale. Da nimmt ein Unternehmen die Herausforderung der Globalisierung der Märkte an, investiert im Ausland mit Erfolg, entlässt aber im Heimatland Mitarbeiter und schließt Unternehmensteile. Damit zeigen die volkswirtschaftlichen Parameter auf Rücklauf. Sehr wohl kann das Unternehmen aber aufgrund seiner Auslandsaktivitäten einen steigenden Aktientrend aufweisen. Handeln viele Firmen nach einem ähnlichen Muster, wird die Volkswirtschaft große Turbulenzen erleben. Das wäre ein Zeichen einzusteigen – in der Hoffnung, dass die Wirtschaft im Inland wieder positive Ent-

wicklungen erleben und der Aktienkurs entsprechend steigen wird.

Eine andere Frage könnte lauten: Wie ist der Zusammenhang zwischen Aktientrend und Branchenentwicklung?

Eine interessante Konstellation bietet sich immer dann, wenn ein Branchenindex sich vollkommen anders entwickelt als der Gesamtindex. Der DAX könnte sich z. B. stürmisch entwickeln, während der Großbanken-Index nicht mithalten kann und sogar sinkt. Das ist zumindest ein Indiz dafür, dass hier ein Nachholbedarf besteht. Man kann dies als Zeichen deuten, jetzt einzusteigen, um Aktien günstig zu erwerben, und, nachdem die Banken aufgeholt haben, zu einem höheren Preis wieder zu verkaufen.

Die Fundamentalanalyse versucht, durch systematische Erfassung von volkswirtschaftlichen und betriebswirtschaftlichen Kennzahlen die Entwicklung von Aktientrends, Branchen- und Einzelwerten zu erkennen.

⇒ DAX: s. Kap. 5, Wichtigste Kennzahl: der DAX, S. 93
⇒ Bilanz: s. Kap. 1, Was versteht man unter dem Jahresabschluss? S. 30

Was besagt die technische Analyse (Chartanalyse)?

Die Grundidee der technischen Analyse besagt, dass der Aktienkurs das einzige verlässliche Kriterium für die Beurteilung der Aktie ist und dass sich aus dem Verlauf des Aktienkurses Ableitungen für die Zukunft treffen lassen. Dabei unterscheidet man zwischen drei Darstellungsformen:

- Darstellung der täglichen Kurse
- Darstellung der wöchentlichen oder monatlichen Kurse
- Darstellung der reinen Kursänderung

Die Darstellung der *täglichen Kurse* hat natürlich den Vorteil, dass Kursänderungen sehr schnell erkannt werden können. Dabei sind jedoch sehr leicht Fehlinterpretationen möglich, da manche kurzfristige Entwicklung auch zufällig sein kann und daher in einer methodischen Analyse herausgefiltert werden muss.

Die Darstellung der *wöchentlichen* oder *monatlichen Kurse* lässt die Entwicklung viel deutlicher erkennen. Fehlinterpretationen sind relativ selten. Trendänderungen werden jedoch erst zu einem späteren Zeitpunkt ersichtlich.

Die Darstellung der Veränderung der *Kursveränderung* (und nicht der Kurse!) zeigt echte Trendänderungen mit großer Genauigkeit auf. Die Erstellung ist jedoch mit relativ hohem Aufwand verbunden.

Um zu einem fundierten Urteil zu kommen, sollte man alle drei Darstellungsweisen studieren.

Die Darstellung der technischen Analyse nennt man *Chartdarstellung*. Deshalb bezeichnet man die technische Analyse auch als *Chartanalyse*. Man verwendet hauptsächlich Linien- und Balkencharts.

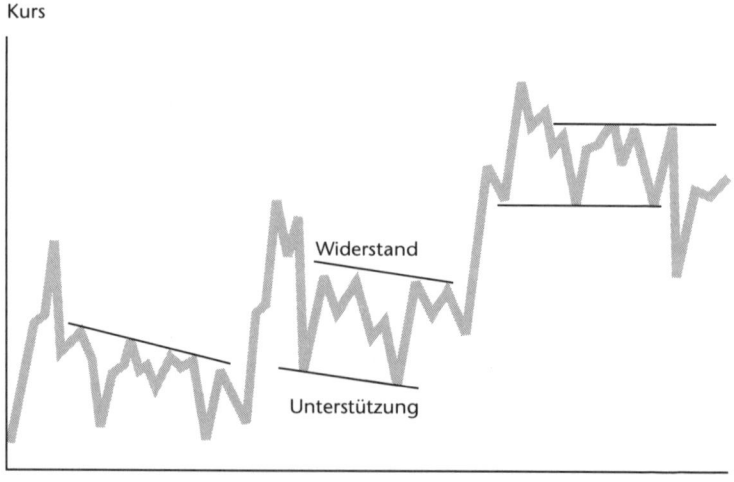

Abbildung 2: Trendkanal

Liniencharts erfassen die Kassakurse aufeinander folgender Börsentage und verbinden die einzelnen Punkte untereinander. *Balkencharts* stellen in einem Balken ein Zeitintervall dar, dessen höchster Punkt den Höchstkurs und dessen niedrigster Punkt den Tiefstkurs in dem jeweilgen Zeitintervall darstellen.

Will man nun eine Chartdarstellung interpretieren, muss man sie mit Widerstandslinien und Unterstützungslinien ergänzen. Daraus ergibt sich der sogenannte Trendkanal. Die Verfahrensweise ist dabei recht einfach. Die Verbindung der Kursausschläge nach oben ergibt die Widerstandslinie. Sie besagt, dass der Kurs an dieser Linie auf einen technischen Widerstand stößt. Erst wenn er diese Widerstandslinie nachhaltig durchbrochen hat, geht der Kurs weiter nach oben. Das heißt das Durchstoßen einer Widerstandslinie ist ein eindeutiges Kaufsignal. Umgekehrt verbindet die Unterstützungslinie die Kursausschläge nach unten. Hat der Kurs die Unterstützungslinie nach unten durchbrochen, bedeutet dies, dass der Kurs höchstwahrscheinlich weiter fällt (bis zur nächsten Unterstützungslinie). Dies ist ein wichtiges Verkaufssignal. Widerstands- und Unterstützungslinie ergeben den sogenannten Trendkanal. Der Trendkanal gibt Aufschluss über die langfristige Entwicklung des Aktienkurses.

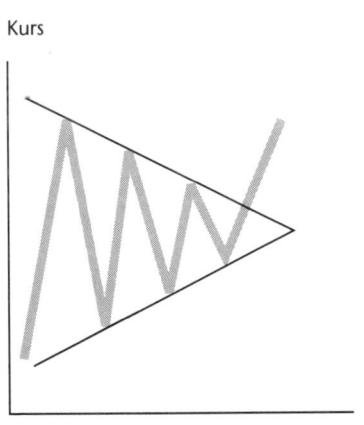

Abbildung 3: Dreiecksformation

Wichtig ist, aus der Form des Trendkanals eine eventuelle Trendumkehr herauszulesen. Erste Signale für eine Trendveränderung sind Ausbrüche aus dem Trendkanal. Werden die Ausbrüche massiver und häufiger, ergibt sich ein neuer Trendkanal, also eine Trendänderung.

Zu beachten sind sogenannte Dreiecksformationen, das heißt, wenn der Trendkanal zum Dreieck wird. Eine Dreiecksformation nach oben lässt auf einen Ausbruch nach oben und damit auf einen Trendwechsel nach oben hoffen. Eine Dreiecksformation nach unten lässt umgekehrt die Vermutung einer Trendveränderung nach unten zu.

Ein wichtiger Indikator ist auch die Kopf-Schulter-Formation. Sie ist so benannt, weil der Chart einem menschlichen Körper mit zwei Schultern und einem Kopf ähnelt. Interessant ist die Bildung einer linken Schulter und ein Anstieg zum Kopf. Nun muss sich entscheiden, ob der Kurs auch noch eine rechte Schulter bildet. Fällt der Kurs vom Kopf, geht man zunächst davon aus, dass er auf der Höhe der linken Schulter auf der rechten Seite einen Widerstand findet. Durchbricht der Kurs nach unten die rechte Schulter, besteht noch eine Widerstandslinie in der Nackenlinie. Wird auch diese nach unten durchbrochen, geht man von einer größeren Kurskorrektur aus.

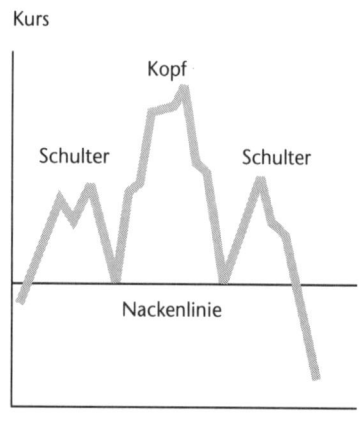

Abbildung 4: Kopf-Schulter-Formation

👉 *Die Chartanalyse versucht, aus Formationen, die dem Kursverlauf entstammen, den Umkehrpunkt zu erkennen. Dieser ist dann das entsprechende Kauf- oder Verkaufssignal.*

Welche weiteren Analysemethoden gibt es?

Die Wellentheoretiker gehen von der Überlegung aus, dass die Natur, und damit das gesamte Leben, von immer wiederkehrenden Ereignissen bestimmt werden. Das beste Beispiel sind die Jahreszeiten. Nach jedem Winter folgt ein Sommer. Außerdem steht es bereits in der Bibel: Nach sieben fetten Jahren folgen sieben magere Jahre. Das war die erste Beschreibung einer volkswirtschaftlichen Entwicklung. Mathematiker versuchen nun, die Wellenbewegungen an der Börse zu analysieren und entsprechende Zukunftsprognosen abzugeben. Es gibt unterschiedliche Modelle, um Haussen und Baissen zu erfassen. Der empirischen Überprüfung haben sie jedoch alle nicht standgehalten.

> Die Wellentheorie versucht, die Wellen der Kurse, also Haussen und Baissen, zu analysieren und in die Zukunft zu transportieren.

Die Chaosforscher gehen davon aus, dass die Welt ein einziges Chaos ist. Alles hängt irgendwie miteinander zusammen und die Prozesse verlaufen eher zufallsbedingt als logisch. Eine der Kernthesen, bezogen auf das Börsengeschehen, lautet, dass der Markt eine fraktale Struktur hat. Unter fraktal versteht man sich auf mehreren Ebenen wiederholende Tendenzen. Die daraus resultierenden Schwingungen sind jedoch vorher nicht bekannt. Wieder bemüht man die Mathematik, das Chaos zu ordnen. Es gibt diverse Modelle, die ebenfalls der Empirie nicht standgehalten haben.

> Die Chaostheorie geht von einem chaotischen Marktzustand aus und versucht, über mathematische Modelle Ordnungsbeziehungen zu definieren.

Die »Psychologen« glauben, dass jede Veränderung an der Börse zwar einen rationalen Kern hat, aber überlagert ist von mehr oder minder gewichtigen psychologischen Faktoren. Darunter versteht man vor allen Dingen die Erwartungen der Anleger in die Entwicklung einer Aktie. Kann man erst die Gründe für dieses Denkschema identifizieren, dann kann man auch die psychologisch bedingte Entwicklung vorhersehen. Nur bedingt Einfluss auf das Börsengeschehen hat das psychologische Verhaltensmuster der Kleinanleger, da diese den Markt kaum beeinflussen. Viel interessanter wäre es, die psychologischen Wurzeln der institutionellen Anleger, der Profis, zu erforschen. Außer Modellen hat aber auch dieser Ansatz keine verwertbaren Strategien aufzeigen können. Dennoch zeigt die Praxis die Bedeutung dieser Analysemethode: Eine eher nebensächliche Äußerung eines Notenbankchefs in einem Vortrag oder einem Interview kann eine Kettenreaktion verursachen und wird damit zum Anschauungsobjekt eines massenpsychologischen Phänomens.

> Der psychologische Ansatz versucht, das Verhaltensmuster der Anleger in den Mittelpunkt zu stellen. Dabei spielen die Erwartungen eine große Rolle bis hin zur Panik, die Kursveränderungen in dramatischem Ausmaß herbeiführen kann.

Die Börsenastrologie und auch die esoterischen Ansätze sind eher Glaubensanschauungen, die keine empirische Relevanz haben.

> Die Börsenastrologie untersucht den Einfluss der Sterne auf das Börsengeschehen. Brauchbare Ableitungen für die Praxis sind nicht bekannt.

☞ *Neben den traditionellen Analysemethoden gibt es weitere Methoden, die jeweils nur von den eigenen Anhängern anerkannt werden. Hierzu gehören Wellentheorie, Chaostheorie, psychologische Ansätze und astrologische Analysemethoden. Keiner dieser Ansätze beinhaltet praktisch umsetzbare Strategien, die einer empirischen Überprüfung standhalten können.*

Wichtigste Kennzahl: der DAX

1987 wurde der DAX aus der Taufe gehoben. Seit dem 1.7.1988 wird er notiert.

Aber was ist der DAX eigentlich? Ausgeschrieben heißt er »Deutscher Aktienindex«. In ihm vertreten sind die 30 wichtigsten Aktientitel aus dem variablen Handel. Dahinter verbergen sich insbesondere die Unternehmen mit den höchsten Aktienumsätzen. Derzeit repräsentieren die 30 DAX-Werte 60 % des zum Börsenhandel in Deutschland zugelassenen Kapitals.

Der DAX setzt sich 1997 folgendermaßen zusammen:

Allianz	9,68 %
Daimler Benz	7,23 %
Veba	6,22 %
Bayer	5,88 %
Siemens	5,85 %
Hoechst	5,36 %
RWE	5,26 %
Deutsche Bank	5,25 %
Dt. Telekom	4,95 %
Münch. Rückvers.	4,54 %
BASF	4,53 %

Mannesmann	3,34 %
Volkswagen	3,15 %
SAP	3,10 %
Dresdner Bank	3,02 %
BMW	2,68 %
Commerzbank	2,33 %
Viag	2,23 %
Bayr. Vereinsbank	2,18 %
Metro	2,03 %
Bayr. Hypo	1,78 %
Henkel	1,60 %
Thyssen	1,24 %
Schering	1,21 %
Linde	1,14 %
Lufthansa	1,10 %
Preussag	0,87 %
MAN	0,81 %
Degussa	0,78 %
Karstadt	0,66 %

Die Gewichtung der im DAX vertretenen Gesellschaften wird aufgrund des börsennotierten Grundkapitals vorgenommen. Daraus folgt, dass Gesellschaften mit einem hohen Grundkapital den Index natürlich stärker beeinflussen als Gesellschaften mit niedrigerem Grundkapital.

> Der DAX ist ein Index, der als Maßstab für die Entwicklung der wichtigsten 30 deutschen Aktientitel dient.

Der DAX wird im Laufe eines Börsentages jede Minute auf Basis der fortlaufenden Notierungen eben dieser 30 Aktienwerte gebildet und an einer elektronischen Anzeigetafel im Frankfurter Börsensaal veröffentlicht. Zusätzlich wird der Verlauf grafisch dargestellt. Der DAX stellt damit ein wichtiges Barometer für die Kursentwicklung dar.

Ein Anleger, der sich auf ⇒ DAX-Werte konzentriert, ist fein heraus, weil insbesondere die DAX-Unternehmen in vielen Pressepublikationen genau besprochen und analysiert werden, so dass man sich einen guten Überblick verschaffen kann. Auch im Kurszettel der Tageszeitungen findet man eine genaue Berichterstattung über die DAX-Werte.

Diese veröffentlichten Unterlagen lassen einen detaillierten Überblick über die Kursentwicklung zu. Der DAX ist ein sogenannter Performance-Index. Er erfasst neben den Kursveränderungen auch die Erträge der Index-Werte, also z. B. Dividendenzahlungen. Damit wird er zum Erfolgsmaßstab. Der Anleger kann ihn sich zunutze machen, um Erfolg oder Misserfolg seiner eigenen Anlage abzulesen.

Damit dient der DAX als

- Marktbarometer
- Vergleichsmaßstab für die Individualanlage
- Basis für Derivate

Die 30 DAX-Werte (Präsenzbörse und Ibis-Handel)

		15.11. Kassa	14.11. Kassa	15.11. Eröff./Hoch/Tief/Schluß	15.11. Ibis Schluß	Jahres Hoch	Jahres Tief	15.11. Ges.-Umsatz	15.11. Ibis-Umsatz	15.11. KGV
DAX (Schluß)		2795.80	2777.01	2790.31-2799.05-2787.6	2800.60	2795.80	2284.86	125.951.87	19183000	–
Allianz Hld.(M)	16	2830.–	2811.–	2835G-2835G-2825G-2835G	2838.10	2917.–	2494.–	212.876	28500	38.5
BASF 5 (M)	1.4	51.43	51.52	51.55-51.63-51.43-51.5G	51.75	51.60	32.58	8.106.944	1139500	13.5
Bayer 5 (M)	1.5	58.25	57.25	57.6-58.4G-57.6-58.4G	58.76	59.40	38.43	11.294.092	2122500	15.1
Bay. Hypo-Bk. 5 (M)	1.45	47.95	47.32	48.4-48.4-47.75-47.8G	48.12	47.95	36.02	4.465.994	631700	20.8
Bay.Vereinsbk. 5 (M)	1.50	62.95	61.95	63.25-63.25-62.9-63G	63.06	62.95	41.–	3.905.144	569200	22.5
BMW St.(M)	13.5	930.–	921.50	929-932-929-932G	937.60	930.–	744.–	257.528	24000	18.2
Commerzbank 5 (M)	1.35	36.69	36.60	36.75-36.8-36.6-36.6G	36.60	36.69	31.08	21.176.838	3284000	13.3
Daimler-Benz 5 (M)	0	97.20	97.95	97.7-97.7-96.8-96.85	97.83	97.95	72.50	10.200.010	1007500	02.0
Degussa (M)	12.5	617.–	610.–	616.5G-623B-616.5G-620G	624.50	618.–	485.–	137.806	11700	18.4
Dt. Bank 5 (M)	1.8	72.20	72.25	72.7-72.7-72.15-72.2G	72.50	76.65	66.95	10.780.392	2173500	15.5
Dresdner Bank 5 (M)	1.35	44.95	44.40	45.15-45.15-44.5-44.5G	44.81	44.95	37.25	8.120.086	850500	16.6
Henkel Vz.5 (M)	1.15	73.85	73.05	73.9-74.15-73.85-74G	74.25	73.85	54.–	2.314.388	196300	20.0
Hoechst 5 (M)	1.3	63.15	61.83	62.6-63.3-62.6-63.25	63.45	63.15	39.35	7.134.650	1206500	18.6
Karstadt (M)	13	575.–	570.–	576G-576G-575-575G	572.20	622.–	518.–	122.346	8000	26.1
Linde (M)	16	949.–	953.– G	952G-952G-949-950G	950.–	1006.–	850.–	135.418	9400	22.3
Lufthansa St.5 (M)	0.5	20.38	20.29	20.3-20.4-20.25-20.25	20.24	25.92	19.80	3.956.878	590600	13.6
MAN St. (M)	9.5	376.–	372.–	374-376-373G-373G	373.65	444.50	349.–	160.954	9400	13.4
Mannesmann (M)	8	628.–	620.–	626.5-629G-626.5-629G	630.–	628.–	459.50	570.002	84500	23.7
Metallgesellsch. 5 (M)	0	28.40	28.80	28.95-28.95-28.4-28.6B	28.46	35.95	24.40	1.787.330	106900	14.2
Metro St 5 (F)	0	132.20	128.–	131-133.5-131-132.5	133.10	143.–	120.90	1.342.642	207100	17.2
Münch.R.Na 100(M)	13.5	3680.–	3670.–	3670G-3680-3655G-3670G	3663.–	3800.–	2700.–	75.684	7100	48.9
Preussag (M)	6+6	378.–	373.50	375B-381.5B-375B-380B	380.10	441.50	340.–	316.168	26800	12.8
RWE St 5 (M)	1.4	66.60	66.25	66.6-67B-66.6-66.9G	67.35	67.20	52.75	5.664.654	851000	23.4
SAP Vz. 5 (F)	1.35	217.50	213.30	218.3-218.4-215.2-215.8	214.50	283.50	179.–	1.550.056	250600	36.6
Schering 5 (M)	1.55	123.–	123.40	122.85-123.3G-122.7-123.3	123.10	125.90	95.95	1.482.572	167600	23.2
Siemens 5 (M)	1.3	73.48	74.88	73.75-73.8-73.3-73.6G	73.93	86.02	73.48	12.791.666	2119000	15.5
Thyssen (M)	10	273.50	271.–	274G-274G-273.5-274G	274.40	299.50	260.–	667.932	97500	11.2
VEBA 5 (M)	1.7	87.10	86.40	87-87.35-87-87.35	87.35	87.50	61.30	6.062.634	696000	19.1
VIAG (M)	12	587.–	582.50	589G-589G-586B-586B	586.75	658.–	539.–	274.852	26600	13.5
Volkswagen St. (M)	6	622.50	621.50	625-625-622.5-623.5G	624.–	622.50	477.–	827.342	149500	22.8

Abbildung 5: Darstellung des Kurszettels der DAX-Werte im »Handelsblatt«

Das *Marktbarometer* ist ein wichtiges Indiz für die wirtschaftliche Entwicklung einer Volkswirtschaft. Es lässt sich recht gut grafisch darstellen. Dabei unterscheidet man zwischen dem DAX-Kurs, dem 38-Tage-Durchschnitt und dem 200-Tage-Durchschnitt, jeweils als gleitende Durchschnitte gerechnet. Während der DAX natürlich Höhen und Tiefen aufzuweisen hat, zeigen die Durchschnittslinien den mittel- und langfristigen Trend.

Der *Vergleichsmaßstab* für die Individualanlage beantwortet immerhin die Frage, ob das eigene Investment besser oder schlechter war als die allgemeine Entwicklung des DAX. Oder anders ausgedrückt: Waren die eigenen Entscheidungen besser oder schlechter als die gesamte Aktienentwicklung. Die absoluten Werte geben darüber natürlich keine Auskunft.

Im abgelaufenen Jahr hat sich der Kurs der Fahrradfabrik AG erfreulich entwickelt. Der Investor konnte einen Zuwachs von 17% realisieren. Ist dies nun als gut zu bewerten oder nicht? Dazu vergleicht der Investor diese Prozentzahl mit der des DAX und stellt fest, dass der DAX im gleichen Zeitraum um 26% gestiegen ist. Damit war die Entwicklung der Fahrradfabrik AG nicht so erfreulich, wie dies zunächst den Anschein hatte.

Schließlich ist der DAX auch noch Basis für Derivate. Das heißt, dass man auf den DAX ⇒ Optionsscheine erwerben kann. Man spricht in diesem Zusammenhang von Index-Optionsscheinen.

> **Der DAX ist ein Index, in den die wichtigsten 30 deutschen Aktienwerte einfließen. Er ist ein wichtiger Maßstab, um die Entwicklung der Volkswirtschaft abzulesen.**

⇒ DAX-Werte: s. Kap. 6, Der DAX als Maßstab, S. 109 und Kap. 7, Kaufstrategie: Den DAX nachbilden, S. 131
⇒ Optionsscheine: s. Kap. 10, Was ist ein Optionsschein? S. 170

Welche weiteren Indizes gibt es?

Der DAX ist nicht der einzige Index. Es gibt eine ganze Reihe unterschiedlicher deutscher und ausländischer Indizes.

Die wichtigsten Indizes in Deutschland sind neben dem DAX der WestLB-Aktienindex, der CDAX, MDAX und der Commerzbank-Index.

Um eine Übersicht über die einzelnen Indizes zu erhalten, blättert man einfach im Wirtschaftsteil der Zeitung. Hier finden wir die unterschiedlichen Indizes in den Kurszetteln aufgeführt.

Das Handelsblatt teilt die deutschen Indizes nach der obigen Gliederung auf:

Überschrift: Deutsche Indizes/DAX
Kurse: jeweils Vortag und Vorvortag
Vorspann: Jahreshöchst- und -tiefstkurse, gleitender 38- bzw. 200-Tages-Durchschnitt, (Vor-)Tageseröffnungs-, Hoch- und Tief-Kurse
DAX K: Kassakurs
DAX Kursindex: Der DAX Kursindex unterscheidet sich vom DAX dadurch, dass zwar Kapitalveränderungen und Bezugsrechte in die Berechnung einbezogen wurden, nicht aber Dividendenzahlungen.
IBIS-DAX: entsprechender DAX-Wert, der aus den 17.00 Uhr-IBIS-Zahlen gewonnen wurde. Zu den IBIS-DAX-Werten gehoren noch die *DAX best ask* und der *DAX best bid*. Das sind die besten IBIS Verkaufs- und Kaufangebote.
DAX 100: Der DAX 100 wird wie der DAX ermittelt. Grundlage sind jedoch nicht 30, sondern 100 Aktienwerte.
MDAX: Der MDAX heißt ausgeschrieben Mid-cap-DAX. In ihm werden »Mittel«-Unternehmen geführt. In der Praxis ist er DAX 100 abzüglich DAX.
VDAX: Unter VDAX versteht man die Volatilität des DAX, also die Schwankungsbreite, die den DAX kennzeichnet.
(*TUBOS-Index:* Er steht für Trinkaus & Burkhardt Optionsschein-Index und bildet den Wert von ausgewählten Optionsscheinen ab.)

FAZ-Index: Dieser Index wird börsentäglich von der »Frankfurter Allgemeinen Zeitung« errechnet und umfasst 100 Aktienwerte, die an der Frankfurter Wertpapierbörse gehandelt werden.
Hypax: Er umfasst 20 Aktienwerte und wird von der Bayerischen Hypotheken- und Wechselbank berechnet.
Vobax-Index: Der sogenannte Volksbank-Aktien-Index ist ein Aktienindex, der die wichtigsten Aktienwerte aus der Region Baden-Württemberg betrachtet.
Baader Gold-Index: Der Baader Gold-Index schließlich berichtet über die Entwicklung von 28 internationalen Goldminenaktien.

Auskunft über Branchenindizes bieten:

CDAX: Der Composite DAX unterteilt sich in bestimmte Branchenindizes von insgesamt 340 Aktienwerten. Neben den Branchenwerten gibt es auch einen Gesamtindexwert.

Commerzbank-Index: Der Commerzbank-Index ist der älteste deutsche Index. Er erscheint seit 1954 und umfasst 60 Aktienwerte. Er unterteilt sich in einen Gesamtindex und in einzelne Branchenindizes.

WestLB-Aktienindex: Der WestLB-Aktienindex unterteilt den Gesamtmarkt in einzelne Branchen, so dass man insbesondere die Branchenentwicklung verfolgen kann.

Der Aktionär X hat die Ausführungen bisher aufmerksam verfolgt. »Viel zu kompliziert«, sagt er dann. Recht hat er. Für den Anleger ist vor allem der DAX interessant. Er sollte wissen, was sich dahinter verbirgt. Das ist in den meisten Fällen ausreichend. »Gut so«, denkt Aktionär X.

Nicht so einfach darf man es sich machen, wenn man ausländische Aktien von ausländischen Börsen im Depot hat. Dann muss man natürlich die entsprechenden nationalen Indizes (dem DAX vergleichbar) verfolgen.

Der älteste amerikanische Bewertungsindex ist benannt nach Charles Henry Dow und H. Jones, Chefredakteur des »Wall Street Journals« (1897). Auch heute noch ist der Dow-Jones-Index weltweit der wichtigste Aktienindex. Er erfasst die Kursschwankungen der wichtigsten 30 amerikanischen Industrieaktien. Jedes Land hat seinen eigenen nationalen Index, der die Entwicklung der wichtigsten Aktien der jeweiligen Börse widerspiegelt. Die Wirtschaftspresse berichtet täglich darüber.

Deutsche Indizes / Dax

	28.5.	27.5.
Dax (30.12.87 = 1000)		
(Jahres-H/T 3695,31/2833,78)*		
38/200-Tge.-Ø 3448,94/2980,56		
Tages-E/H/T 3680,64/3695,31/3632,33	3636,42	3674,36
Dax K (Kasse)	3675,58	3669,10
Dax Kursindex	2910,11	2941,65
Ibis-Dax		
Tages-E/H/T 3680,67/3696,57/3623,19	3626,60	3665,43
Dax best ask Tages-H/T 3698,21/3630,67	3632,60	3666,75
Dax best bid Tages-H/T 3689,93/3619,05	3620,18	3658,00
Dax 100 Tages-H/T 1879,87/1850,82	1852,57	1869,05
Dax 100 K (Kasse)	1870,32	1866,86
Dax 100 Kursindex	1505,92	1519,83
MDax Tages-H/T 3833,12/3801,81	3802,85	3809,11
MDax K (Kasse)	3817,97	3809,38
MDax Kursindex	3281,97	3287,84
Ibis-MDax	3819,33	3800,12
VDax (% p.a.)	18,94	18,05
Tubos-Index (30.12.87 = 1000)		
Jahres-H/T 4753,99/1893,13	4649,07	4753,99
FAZ-Index (31.12.58 = 100)		
Jahres-H/T 1254,03/1212,33	1254,20	1251,85
Hypax (29.12.89 = 10000)		
Jahres-H/T 17887,00/17307,00	17671,00	17887,00
Vobax (31.10.90 = 1000)		
Jahres-H/T 1515,590/1428,740	1511,340	1512,080
Baader Gold-Index 31.12.87 = 1000)		
Jahres-H/T 570,34/448,69	452,31	448,69

E = Eröffnung; S = Schluß; * = alle Tagesdaten

CDax

(30.12.87 = 100)	28.5.	27.5.	H97	T97
Gesamtindex	329,94	332,47	334,16	259,99
Gesamtindex Kurs	269,97	272,19	272,19	215,36
Automobil	353,45	358,75	362,08	248,87
Bau	307,72	303,59	307,72	242,11
Chemie	393,97	396,71	406,78	338,36
Beteiligung	194,67	193,09	194,67	152,75
Elektro	339,16	342,32	349,40	243,17
Brauerei	174,59	173,70	174,59	160,89
Hypo-Banken	246,01	248,20	249,19	188,48
Kreditbanken	312,93	316,87	316,87	236,40
Verkehr	238,58	244,32	254,07	181,70
Maschinenbau	319,86	322,58	322,58	254,57
Papier	257,07	259,86	269,33	229,49
Versorgung	417,98	421,00	421,00	254,75
Eisen u. Stahl	394,98	398,03	400,77	291,07
Textil	322,25	323,88	326,62	236,47
Versicherung	317,13	318,33	318,33	243,60
Konsum	183,80	183,77	183,80	141,67

Commerzbank-Index

(Ges.-Ind. 1953=100)			Hoch	Tief
(Branchenindizes 30.12.94=100)	28.5.	27.5.	1997	1997
200-Tage-Linie	3012,5	3007,1	3012,5	2948,3
Gesamtindex	3667,7	3666,7	3667,7	3552,1
Großchemie	106,0	105,7	106,0	100,7
Sonst. Chemie	129,6	129,4	129,6	122,7
Elektro/Elektronik	142,6	142,9	146,3	139,9
Energie	118,5	119,6	121,2	117,0
Stahl/NE-Metalle	134,3	133,1	134,3	127,9
Maschinenbau	122,4	123,3	123,8	118,9
Fahrzeugbau	142,4	142,5	143,4	138,0
Bau/Zement	129,3	128,5	130,6	119,7
Einzelhandel	140,5	138,0	140,5	123,0
Banken	131,4	131,8	131,8	123,9
Versicherungen	131,6	130,0	131,6	122,8
Konsumbereich	134,5	135,4	135,9	132,7

WestLB-Aktienindex

(31.12.1968 = 100)			Hoch	Tief
Branche	28.5.	27.5.	1997	1997
Gesamtindex	663,86	662,91	663,86	514,39
Banken	583,22	583,01	583,22	433,19
Versicherungen	3660,00	3611,29	3660,00	2716,44
Auto+Zulieferer	1342,11	1346,89	1369,10	941,70
Bau+Zulieferer	580,34	570,92	580,34	452,01
Chemie	515,06	513,20	548,34	462,31
Pharma	738,66	737,90	738,66	576,31
Elektro	404,76	405,38	414,66	284,96
Handel	216,10	212,82	216,10	157,91
Konsumgüter	722,55	716,57	722,55	565,71
Maschinenbau	490,56	481,54	491,06	360,41
Versorgung	821,78	823,89	823,89	682,32
Sonstige	639,46	645,35	654,03	452,42

Abbildung 6: Darstellung der Aktien-Indizes im »Handelsblatt«

So kann man z. B. dem Kurszettel folgende Informationen entnehmen:

Kurszettel
Plätz: Börsenplatz des jeweiligen Landes
Index: Name, Bezeichnung des Index
Kurse: aktueller Kurs und Vortageskurs
Hoch und Tief: Höchst- und Tiefstwerte im Jahresverlauf

Die Indizes dienen der Beurteilung der Marktentwicklung und als Vergleich zu individuellen Aktien-Portefeuilles.

Wie kann man den Index nutzen?

Der Index besitzt in der Praxis tatsächlich große Bedeutung. Alle Medien berichten darüber. Selbst in den Fernsehnachrichten kann man sich daher mit einem Blick informieren: Wie hat sich die Börse heute entwickelt?

Das bedeutet jedoch nicht, dass die Aktien, die man selbst gerade im Depot hat, sich analog DAX entwickelt haben. Doch die DAX-Entwicklung ist ein Trend, dem sich viele Titel nicht entziehen können. Im DAX wird auch die Erwartung sichtbar, die die Geldanleger in die gesamte Wirtschaftsentwicklung haben. Somit kann der DAX auch eine Art Frühwarnsignal sein.

Dieses (auch internationale) Frühwarnsystem ist für die Anleger interessant, die in unterschiedlichen nationalen Märkten investieren (z. B. mittels ⇒ Fonds). Hier kann die Prognose über die Entwicklung der internationalen Börsen durchaus unmittelbaren Einfluss auf das Anlegeverhalten haben. Man erhält also einen Hinweis, ob man kaufen, halten oder verkaufen soll.

Die größte Bedeutung hat der DAX jedoch als Vergleichsmaßstab für die individuelle Anlage. Es ist Ziel eines jeden Anlegers, den DAX zu schlagen, also sein Geld besser anzulegen als der DAX. Dieses Ziel wird in der Praxis nicht immer erreicht. Nun könnte man darauf entsprechende Strategien aufbauen: z. B. den DAX abzubilden, also ein Aktiendepot anzulegen, das dem DAX entspricht, oder in einen Investmentfonds zu investieren, der diese DAX-Nachbildung leistet. Weiterhin kann man direkt über ⇒ Optionen am Verlauf des DAX partizipieren. Damit wird der DAX als Basis für ein sogenanntes Derivat verwendet.

Weiterhin kann man auch verschiedene deutsche Indizes vergleichen, z. B. den DAX mit dem MDAX. Hat sich z. B. der MDAX wesentlich schlechter entwickelt als der DAX, kann man davon ausgehen, dass dieser einen Nachholbedarf hat. Eine Anlagestrategie könnte lauten, in MDAX-Werte zu investieren.

Die Fahrradfabrik AG ist ein typischer Nebenwert, der im MDAX enthalten wäre, wenn es das Unternehmen wirklich gäbe. Aktionär X vergleicht die Entwicklung von DAX und MDAX und stellt fest, dass der DAX wesentlich rasanter gestiegen ist als der MDAX. Das liegt vor allen Dingen an institutionellen und ausländischen Anlegern, die sich vorzugsweise auf bekannte Titel konzentrieren. Irgendwann sind diese Titel jedoch überbewertet, dann suchen auch die institutionellen Anleger nach Nebenwerten und es ist anzunehmen, dass sie in MDAX-Titel investieren werden. Aus diesem Grund entscheidet sich Aktionär X, noch weitere Aktien der Fahrradfabrik AG zu erwerben. Er hofft auf eine rasante Aufholjagd.

✎ **Der DAX dient als Maßstab und Messlatte. Alle Investitionen kann man am Vergleichsmaßstab DAX ausrichten.**

⇒ Fonds: s. Kap. 9, Was ist ein Investmentfonds? S. 148
⇒ Optionen: s. Kap. 10, Was ist ein Optionsschein? S. 170

Welche Bedeutung hat das KGV?

Die Einzelaktie lässt sich am besten mittels ⇒ KGV beurteilen. Unter KGV versteht man das Kurs-Gewinn-Verhältnis. Diese Kennzahl drückt am ehesten eine Art Preis-Leistungs-Verhältnis von Aktien aus.

Hat ein Unternehmen einen Kurs von 100 und erwirtschaftet einen Gewinn von 10, so hat es ein KGV von 10. Steigt der Gewinn auf 20 beträgt das KGV 5. Also je niedriger das KGV desto günstiger. In Deutschland kann man ein KGV von 14 bis 16 als »normal« ansetzen. Ein KGV unter 10 ist äußerst günstig. Dann wird das KGV zu einem Kaufsignal.

> Das Kurs-Gewinn-Verhältnis drückt das Verhältnis zwischen Unternehmensgewinn und Aktienkurs aus. Je niedriger das KGV, desto attraktiver ist diese Kennzahl.

Die KGV-Kennzahlen muss man nicht selbst berechnen. Die KGV-Hitlisten werden wöchentlich oder monatlich in den Wirtschaftszeitschriften veröffentlicht.

Ein fundamentales Signal für Kauf oder Verkauf eines Einzelwertes ist das KGV (Kurs-Gewinn-Verhältnis). Für den deutschen Aktienmarkt gilt: KGV kleiner 10: kaufen; KGV größer 20: verkaufen.

⇒ KGV: s. auch Kap. 7, Kaufstrategie: Auswahl nach KGV, S. 136 und Verkaufsstrategie: Auswahl nach KGV, S. 140

Welche Bedeutung hat die relative Stärke?

Ein weiteres ernst zu nehmendes Signal ist die ⇒ »relative Stärke«. Darunter versteht man die Kursveränderung, die eine Aktie in einer gewissen Zeitspanne gemacht hat.

Die Zeitspanne kann unterschiedlich gewählt sein. So könnte man beispielsweise eine Hitliste der Aktien aufstellen, die in den letzten drei Monaten die höchste Veränderung aufgewiesen haben. Hierzu muss man lediglich die Aktienkurse zwischen den beiden Zeitpunkten vergleichen.

Was sagt die »relative Stärke« aus? Sie sagt aus, wie der Aktienkurs sich in den letzten drei Monaten (oder einer anderen Zeitspanne) verändert hat. Sie sagt selbstverständlich nichts darüber aus, ob der Trend anhält. Dennoch: Unter der Annahme, dass sich der Aktienkurs kontinuierlich weiterentwickelt (bei gleichen Rahmenbedingungen), kann die Höhe der relativen Stärke ein Kaufsignal sein. Wichtig ist natürlich, den Punkt zu erkennen, wo eine Aktie überbewertet ist. Eine Hilfe hierzu haben wir bei der ⇒ technischen Analyse (Chartanalyse) kennen gelernt.

Die »relative Stärke« bewertet die Aktienentwicklung in einer vergangenen (nicht zu langen) Zeitspanne und lässt das Urteil zu, ob sich die Aktie im Vergleich zu anderen Aktien besser oder schlechter entwickelt hat.

⇒ Relative Stärke: s. auch Kap. 7, Kaufstrategie: Auswahl nach relativer Stärke, S. 132 und Verkaufsstrategie: Auswahl nach relativer Stärke, S. 137

⇒ Technische Analyse: s. Kap. 5, Was besagt die technische Analyse (Chartanalyse)? S. 87

Was sagt die Dividendenrendite aus?

Eine weitere wichtige Kennzahl ist die ⇒ Dividendenrendite, die das Verhältnis zwischen ausgeschütteter ⇒ Dividende pro Aktie und Aktienkurs ausdrückt.

Ein Anleger, der eine Aktie länger halten will und insbesondere auf einen hohen Dividendenertrag hofft, wird Aktien mit einer hohen Dividendenrendite wählen. Dabei unterscheidet man zwischen Nettodividendenrendite (ohne Einbeziehung der Steuergutschrift) und Bruttodividendenrendite (mit Einbeziehung der Steuergutschrift).

Die Steuergutschrift resultiert daraus, dass die Aktiengesellschaft ihren Gewinn bereits vor Ausschüttung versteuert hat (Körperschaftssteuer). Da der Anleger seine Dividendeneinkünfte auch noch individuell (Einkommenssteuer) versteuern muss, würde eine doppelte Versteuerung stattfinden. Aus diesem Grund erhält der Aktienbesitzer mit der Dividendenauszahlung eine entsprechende Körperschaftssteuergutschrift. Diese wird in die Bruttodividendenrendite mit einbezogen.

Im Prinzip ist es unerheblich, ob man zum Vergleich die Netto- oder Bruttodividendenrendite heranzieht. Wichtig ist lediglich, dass man beide Kennzahlen nicht vermischt. Eine Nettodividendenrendite zwischen 7 und 9 % ist für deutsche Verhältnisse ausgesprochen gut.

Ein Anleger, der eine möglichst hohe Dividende erhalten möchte, achtet bei der Auswahl der Aktien auf die Dividendenrendite.

⇒ Dividendenrendite: s. auch Kap. 7, Kaufstrategie: Auswahl nach Dividendenrendite, S. 137 und Verkaufsstrategie: Auswahl nach Dividendenrendite, S. 141
⇒ Dividende: s. Kap. 1, Was ist die Dividende? S. 43

Was ist Volatilität?

Während eine Kennzahl wie »relative Stärke« in erster Linie die Kursentwicklung beleuchtet und die Dividendenrendite sich auf das Ergebnis eines Aktientitels bezieht, gehört die Volatilität zur Kategorie der Risikokennziffern.

Der Begriff leitet sich von dem Verb »volare« (fliegen) ab und bedeutet so viel wie Flatterhaftigkeit. Die Volatilität gibt die Schwankungsbreite oder das Auf und Ab des Aktienkurses an. Sie wird in Prozent ausgedrückt.

Die Berechnung basiert auf der Formel der Standardabweichung. Für jeden im DAX vertretenen Titel und für den DAX selbst wird börsentäglich die durchschnittliche Schwankung der Tagesrenditen der letzten 30 und der letzten 250 Tage berechnet. Man spricht daher auch von

- 30-Tage-Volatilität und
- 250-Tage-Volatilität.

Je höher die Volatilität, desto höher die Schwankungsbreite und desto höher natürlich auch das Risiko, dass ein Kurs fallen kann.

Die Volatilität bietet sowohl Chancen als auch Risiken. Eine direkte Kauf- oder Verkaufsempfehlung leitet sich daraus nicht ab. Die Volatilität kann aber sehr wohl für einen Anleger ein Auswahlkriterium sein, nämlich in Abhängigkeit von seinem individuellen Risikoempfinden.

TIP: Achtet ein Anleger besonders auf Sicherheit, so sollte er nur Aktien erstehen, deren Volatilität unter 15 % liegt. Ist der Anleger bereit, mehr Risiko einzugehen, um damit am Kursgewinn stärker zu partizipieren, kauft er Aktien mit einer Volatilität über 15 %.

Im Allgemeinen geht man davon aus, dass zwischen Volatilität und Kursgewinn eine Korrelation besteht. Eine höhere Volatilität bedeutet eine größere Gewinnchance (aber natürlich auch ein höheres Verlustrisiko).

Aktionär Y ist zwar ein rational bestimmter Anleger. Er ist aber durchaus bereit, ein gewisses Risiko einzugehen, wenn dafür eine Chance auf erhöhten Gewinn besteht. Er hat sich zunächst die (gegenüber dem DAX) unterbewerteten Aktientitel ausgesucht. Ein zweites Auswahlkriterium war ihre Volatilität. In den Titel mit der höchsten Volatilität hat er schließlich investiert, weil er der Meinung war, dass dieser Titel auch schnell ansteigen wird. Er kaufte Aktien der Fahrradfabrik AG.

> **Die Volatilität drückt die Schwankungsbreite einer Aktie aus, oder anders gesagt, das Risiko, das eine Aktie beinhaltet.**

Was ist der Beta-Faktor?

Der Beta-Faktor gehört auch zur Kategorie der Risikofaktoren. Er drückt die Dynamik einer Aktie aus, das heißt die Geschwindigkeit, mit der sie Kursschwankungen im Gegensatz zu anderen Aktien durchläuft.

Der Beta-Faktor wird mit Hilfe statistischer Verfahren aus Vergangenheitswerten gewonnen:

- Dabei ist ein Beta-Faktor von 1 definiert als ein genau dem Index entsprechender Kursverlauf.
- Ein Beta-Faktor über 1 bedeutet, dass die Kursschwankungen eines Wertes stärker waren als die Kursschwankungen des Index.
- Ein Beta-Faktor unter 1 bedeutet, dass die Kursschwankungen eines Wertes schwächer waren als die Kursschwankungen des Index.

Damit hat der Beta-Faktor eine enge Verwandtschaft zur Volatilität.

TIP: Die Ableitung für den Anleger könnte folgendermaßen lauten: Ein Anleger, der mehr auf Sicherheit setzt, sollte eher in

Werte mit Beta-Faktor unter 1 investieren, ein spekulativ eingestellter Anleger kann durchaus auf Werte mit einem Beta-Faktor über 1 zugreifen. Er muss nur in der Lage sein, rechtzeitig und schnell zu reagieren, um die Volatilität des Wertes (in diesem Fall Kursausschläge nach oben) in bare Münze umsetzen zu können.

> *Der Beta-Faktor ergänzt die Volatilität. Auch er zeigt das Kursschwankungspotential an.*

Die Angst vor dem Börsencrash

Allen Anlegern ist eines gemeinsam: die Angst vor dem Börsencrash, das heißt vor dem plötzlichen Verfall aller Kurswerte. Ein Börsencrash bedeutet den weitgehenden Verlust des investierten Volumens. Das Trauma lässt sich zurückführen auf den sogenannten Schwarzen Freitag, der die Weltwirtschaftskrise einläutete. Doch es gibt mehr solche Ereignisse. So traf die Börse und die Aktionäre im Oktober 1987 ein empfindlicher Rückschlag und im Oktober 1989 ein weiterer Rückschlag. Die Aktienkurse stürzten in den Keller.

Ein Börsencrash lässt sich vordergründig immer auf objektive Faktoren zurückführen: ein überhitzter Markt und einige negative oder vorsichtige Äußerungen von Politikern oder Finanzfachleuten. Dies müsste aber noch nicht einen so großen Rückgang der Kurse auslösen, dass man von Börsencrash spricht. Erst wenn eine eher psychologisch bedingte Ansteckung erfolgt, wird der Zustand gefährlich. Immer mehr Anleger sind eingeschüchtert und verkaufen ihre Aktien – zu immer schlechteren Werten.

Diese Ansteckung ist zum Teil auch programmiert. Viele Anleger geben Stop-Loss-Vorgaben an ihre Bank. Diese besagen, wann (zu welchem Tiefstkurs) auf jeden Fall verkauft werden soll. Diese Aufträge sind gespeichert und gehen als Verkaufsorder bei Erreichen des entsprechenden Kurses automatisch an die Börse, ohne dass noch jemand korrigierend eingreifen könnte. Dieser »automatische« Strom verstärkt natürlich die Tendenz und so nimmt der Crash seinen Verlauf.

> Stop-Loss-Order sind »Vorratsaufträge« an die Bank, dass zu einem bestimmten Kurs der Aktientitel verkauft werden soll. Es gibt auch umgekehrte Aufträge. Von Stop-Buy-Order spricht man, wenn zu einem bestimmten Limit ein Aktientitel gekauft werden soll.

Ein strategisch orientierter Anleger wird von einem kleineren Crash nicht aus dem Gleichgewicht gebracht werden. Er hat einen Teil seines Geldes auch in Anleihen und Immobilien angelegt und er besitzt ausreichend Liquidität, so dass er nicht verkaufen muss. Er kann damit auch einen Crash »aussitzen«, das heißt abwarten, bis sich die Aktienkurse wieder erholt haben.

TIP: Des einen Pech ist des anderen Glück. Diejenigen, die über ausreichend Liquidität verfügen, können nach einem Börsencrash günstig einkaufen. Es ist die ideale Möglichkeit, mit einem Investment neu zu beginnen.

Ein Börsencrash hat zwar immer objektive Auslöser, aber die Dramatik gewinnt er erst durch die psychologische Ansteckungsgefahr.

6.
Wie liest man den Wirtschaftsteil der Zeitung?

Der DAX als Maßstab

Jeder Wirtschaftsteil einer Tageszeitung stellt zunächst einmal die Entwicklung des ⇒ DAX in den Mittelpunkt. Eine grafische Darstellung zeigt die Entwicklung besonders übersichtlich.

Gerne wird über die DAX-Entwicklung im Laufe des Handelstages berichtet. Diese Information ist zwar interessant, aber für den normalen Geldanleger nicht sehr relevant.

Wichtiger ist die mittelfristige DAX-Entwicklung. Ersichtlich werden die Ausschläge der DAX-Notierungen und die Glättung bei der Betrachtung sowohl des 38-Tage- sowie des 200-Tage-Durchschnitts. Daraus lässt sich der Trend gut ablesen.

Wichtig ist außerdem die langfristige Perspektive. Wie sahen die Kurswerte in der Vergangenheit aus? Wie könnte sich die Zukunft entwickeln?

Dann gibt es natürlich in Tabellenform unterschiedliche Darstellungen vom DAX und von anderen Indizes. Relevant ist die Frage: Wie haben sich die DAX-Titel (DAX) im Gegensatz zu den Nebenwerten (MDAX) entwickelt? Wo gibt es Nachholbedarf?

Was bedeutet dies nun konkret für den normalen Anleger?

Ganz allgemein: Steigt der DAX, sollte er investieren, fällt er, sollte er aussteigen. Es ist wichtig, den richtigen Zug zu besteigen.

Abbildung 7: Darstellung der mittelfristigen DAX-Entwicklung im »Handelsblatt«

Der individuelle Vergleich: Außerdem bietet der DAX (oder ein anderer Index) den Maßstab, um das individuelle Investment zu überprüfen und gegebenenfalls zu verändern.

Die Suche nach neuen Chancen: Selbstverständlich folgen nicht alle Aktienwerte dem DAX. Es stellt sich die Frage nach dem Warum? Und bietet sich in der Differenz eine Anlagechance?

Der erste Blick beim Studium des Wirtschaftsteils gilt dem DAX. Er ist aber nur der Vergleichsmaßstab für alle Einzelwerte.

⇒ DAX: s. Kap. 5, Wichtigste Kennzahl: der DAX, S. 93

Die Aktie im Blickpunkt

Unter der Überschrift »Die Aktie im Blickpunkt« rückt der Einzelwert in den Mittelpunkt.

Die Frage, wie er sich entwickelt hat, kann man mit Zahlen oder mit Worten (gut, schlecht) beantworten. Die Interpretation bleibt schwierig, solange ein Vergleich fehlt. Ein Maßstab ist notwendig. Und welcher Maßstab wäre besser geeignet als der DAX?

Konnte eine ⇒ Aktie dem DAX-Verlauf nicht folgen, so beginnt die Suche nach den Gründen. Wir haben bereits darauf hingewiesen, dass an der Börse Erwartungen gehandelt werden. Das heißt in diesem Fall: Die Börsianer erwarten, dass die

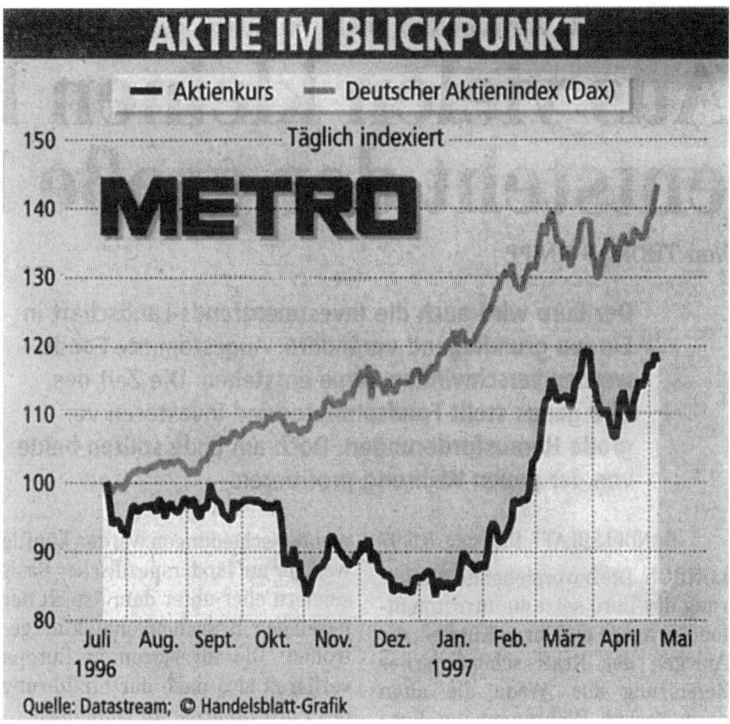

Abbildung 8: Entwicklung einer einzelnen Aktie im Vergleich zur Entwicklung der DAX-Werte

Ertragsaussichten der Aktie nicht dem DAX-Trend folgen werden. Sie können diese Erwartung natürlich bezweifeln und die Aktie für unterbewertet halten. In diesem Fall sollten sie die Unterbewertung als Kaufsignal werten.

Ein weiterer Maßstab sind andere Aktien. Gerne wird eine Gewinner-Verlierer-Liste aufgestellt. Der Anleger kann nun erkennen, ob er auf Gewinner oder Verlierer gesetzt hat und ob er gegebenenfalls umschichten sollte. Dennoch stellt sich die Frage: Werden die Gewinner weiterhin Gewinner sein, werden die Verlierer noch mehr verlieren oder verläuft der Trend gerade umgekehrt?

Aussagekräftig ist im Hinblick auf diese Frage die charttechnische Abbildung einer Aktie. Hier werden über einen bestimmten Zeitraum die Ausschläge nach oben und unten (Volatilität) verzeichnet und durch die 90-Tages- und 200-Tages-Linie der Trend deutlich ersichtlich.

Solche Vergleiche und Kennzahlen sind für die Beurteilung einer Einzelaktie durchaus ernst zu nehmen. Das ist wie im römischen Zirkus: Daumen nach oben oder Daumen nach unten.

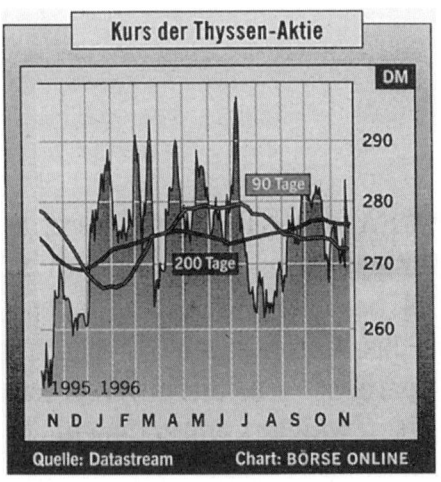

Abbildung 9: Volatilität einer Einzelaktie; Darstellung in »Börse online«

👉 *Jede Betrachtung, die eine Einzelaktie im Mittelpunkt hat, benötigt einen Vergleichsmaßstab. Das kann der DAX sein, andere Aktien oder natürlich auch der eigene Trend der Aktie selbst.*

⇒ Aktie: s. Kap. 1, Was ist eine Aktie? S. 18

Fortlaufende Notierungen

Anleger finden im Wirtschaftsteil eine Unzahl von Kurstabellen. Welche ist für sie von Bedeutung?

Handelt es sich um eine Investition ausschließlich in DAX-Werte, ist es relativ einfach. Es gibt in vielen Zeitschriften eine »DAX-Tabelle«. In dieser werden die fortlaufenden Kurse (während des Handelstages) und sogar die IBIS-Werte angegeben. Man hat damit alle relevanten Kurswerte auf einen Blick.

Von Bedeutung können aber auch die *fortlaufenden Notierungen* sein, da hier die umsatzstärksten Titel verzeichnet sind, die in der Regel täglich gehandelt werden. Für diese Aktien sind die Kursschwankungen während eines Börsentages verzeichnet. Diese Schwankungen sind – wie wir früher bereits gesehen haben – relevant für Käufer oder Verkäufer im variablen Handel.

Aktionär Z hat 1 200 Aktien der Fahrradfabrik AG. Diese Aktien kann er im variablen Handel verkaufen. Das entspricht 12 × 100 5 DM-Aktien. Aktionär X hat nur 15 Aktien. Diese kann er nicht im variablen Handel unterbringen, es müssten mindestens 100 Stück sein. Aktionär Z hat einen Verkaufsauftrag über 500 Aktien an die Börse gegeben. Er gibt ein Limit von 92 DM an. Die Aktienkurse notieren im Laufe des Handelstages (fortlaufende Notierungen) mit 88, 90, 92, 91, 88, 87. Der amtliche Kurs liegt bei 89. Der Aktionär Z konnte dennoch seine 500 Aktien im variablen Handel zu 92 verkaufen.

Wie wird der variable Handel (fortlaufende Notierungen) im Kurszettel der Tageszeitungen dargestellt?

⇒ Kurszettel
Überschrift: »Fortlaufende Notierungen« oder »Variable Notierungen«. Börsenplatz (in Klammern, F = Frankfurt)
Titel: Aktienunternehmen, deren Aktien am variablen Handel in Deutschland teilnehmen; in Klammern Land, wenn ausländisches Unternehmen; in Klammern Nennwert, wenn dieser unterschiedlich zu 50 DM ist
Div.: Höhe der letzten Dividende in %
Kursentwicklung: Anfang, Tageshöchst- und -tiefstkurse, Kasse, Schluss
+/–: Veränderung des Börsenschlusskurses gegenüber dem Schlusskurs des Börsenvortages
Kurswert H (Höchst des Jahres)
Kurswert T (Tiefst des Jahres)

Noch detaillierter ist der Aufbau der Kurszettel für die DAX- und MDAX-Werte.

Kurszettel
Überschrift: Top 100 des deutschen Aktienhandels
Titel: Unternehmen, deren Aktien im DAX oder MDAX enthalten sind; Zusätze z. B. NA vink. = Namensaktien vinkuliert; in Klammern Nennwert, wenn nicht 50 DM.
WPKN: Wertpapierkennnummer
Letzte Div.: Letzte Dividende
Börsenkap. in Mill. DM: Börsenkapital in Millionen DM
Kurse: Frankfurter Kurse: Eröffnungskurs, Tageshöchst- und Tagestiefstkurs, Kassa, Schlußkurs, Veränderung zum Vortag, IBIS Eröffnungskurs, Tageshöchst und -tiefstkurs, IBIS- Schluß.
52 Wochen: Höchst- und Tiefstkurse innerhalb der letzten 52 Wochen
Ergebnis je Aktie: Drei Jahre, eventuell vorausgeschätzt
KGV: Kurs-Gewinn-Verhältnis über zwei Jahre
Div.-Rend.: Dividendenrendite
Börsenumsatz Frankfurt: in Stück und in Tausend-DM

👉 *Der wichtigste Teil des Kursblattes sind entweder die DAX-Tabellenübersicht oder die fortlaufenden bzw. variablen Notierungen. Hier stehen die Aktientitel mit hohen regelmäßigen Tagesabschlüssen.*

⇒ Lesen des Kurszettels: s. auch Kap. 6, Lesehilfe: Kurszusätze, S. 119 und Lesehilfe: Abkürzungen, S. 121

Amtlicher Handel (Kassakurse), geregelter Markt und Freiverkehr

Wir haben bereits auf den amtlichen Markt hingewiesen. Wenn der Aktienwert nicht unter »fortlaufenden Notierungen« aufgeführt wird, findet man ihn unter Kassakurse des ⇒ amtlichen Handels.

Aktionär X hat nur 15 Aktien. Diese kann er nicht im variablen Handel unterbringen. Er muss sie im Kassahandel verkaufen. Sie werden dann zum täglich festgelegten Kassakurs abgerechnet. Er möchte 10 Aktien verkaufen und hat ein Limit mit 92 vorgegeben. Im Kassahandel wird der amtliche Kurs mit 89 festgestellt. Das heißt es findet an diesem Tag kein Abschluss statt.

Im Folgenden schauen wir uns an, wie amtlicher Handel, geregelter Markt und Freiverkehr in den Zeitungen abgebildet sind. Um Ihnen das Zurückblättern zu ersparen, erinnern wir uns an dieser Stelle noch einmal kurz, was unter diesen drei Handelsformen zu verstehen ist:

Amtlicher Handel

Der amtliche Handel folgt strengen Formvorschriften. Er ist sozusagen die oberste Klasse des deutschen Börsenhandels. Die

Unternehmen, die zum amtlichen Handel zugelassen werden, müssen sich einer eingehenden Prüfung unterziehen. Ein strenges Zulassungsverfahren stellt sicher, dass nur erstklassige Werte in den Handel kommen. Die Marktteilnehmer können auch davon ausgehen, dass die amtlich gehandelten Aktien börsentäglich ge- und verkauft werden, da die Umsätze ausreichend hoch sind. Die Kursfestsetzung erfolgt durch amtlich (von der jeweiligen Landesregierung) bestellte und vereidigte Makler.

Im Kurszettel der Tageszeitungen wird der amtliche Handel folgendermaßen dargestellt:

Kurszettel
Überschrift: Kassakurse (siehe dort: einmal am Tag festgestellte Einheitskurse), amtlicher Handel
Name: Aktienunternehmen,
in Klammern Land, wenn ausländisches Unternehmen
in Klammern Nennwert, wenn dieser unterschiedlich zu 50 DM ist
Div.: Höhe der letzten Dividende in %
Platz: Börsenplatz (M = München, F = Frankfurt)
Kurse: aktueller Kurswert (Vortag), Kurswert (Vorvortag)
Kurse: Kurswert H (Höchst des Jahres), Kurswert T (Tiefst des Jahres)

Geregelter Markt

Der geregelte Markt ist die zweite Klasse des Marktgeschehens. Auch der geregelte Markt hat ein Zulassungsverfahren, dessen Anforderungen jedoch leichter zu erfüllen sind. So befinden sich im geregelten Markt meistens kleinere Unternehmen oder Unternehmen von nur regionaler Bedeutung. Man bezeichnet sie auch als Nebenwerte. Die Kursfestsetzung erfolgt durch einen vom Börsenvorstand berufenen Makler. Das Verfahren ähnelt dem des amtlichen Marktes. Es handelt sich aber nicht um amtliche Notierungen.

Wie wird der geregelte Markt im Kurszettel der Tageszeitungen dargestellt?

Kurszettel
Überschrift: geregelter Markt
Name: Aktienunternehmen,
in Klammern Land, wenn ausländisches Unternehmen
in Klammern Nennwert, wenn dieser unterschiedlich zu 50 DM ist
Div.: Höhe der letzten Dividende in %
Platz: Börsenplatz (M = München, F = Frankfurt)
Kurse: aktueller Kurswert (Vortag), Kurswert (Vorvortag)
Kurse: Kurswert H (Höchst des Jahres), Kurswert T (Tiefst des Jahres)

Freiverkehr

Der Freiverkehr ist das dritte Marktsegment im Börsenverkehr. Es stellt die geringsten Anforderungen an die Marktteilnehmer. Der Freiverkehr soll den ordnungsgemäßen Handel mit solchen Werten sicherstellen, die die Anforderungen des amtlichen Handels und des geregelten Marktes nicht erfüllen, bei denen aber dennoch ein Interesse am Börsenhandel vorhanden ist. Hier werden vorwiegend Auslandsaktien gehandelt.

Wie wird der Freiverkehr im Kurszettel der Tageszeitungen dargestellt?

Kurszettel
Überschrift: Freiverkehr
Name: Aktienunternehmen,
in Klammern Land, wenn ausländisches Unternehmen
in Klammern Nennwert, wenn dieser unterschiedlich zu 50 DM ist
Platz: Börsenplatz (M = München, F = Frankfurt)
Kurse: aktueller Kurswert (Vortag), Kurswert (Vorvortag)
Kurse: Kurswert H (Höchst des Jahres), Kurswert T (Tiefst des Jahres)

Amtlicher Markt, geregelter Markt und Freiverkehr werden ähnlich in den Kurstabellen dargestellt. Manchmal werden sie auch in einer Tabelle gemeinsam abgebildet.

⇒ Handelsarten: s. Kap. 2, Die verschiedenen Handelsarten, S. 51

IBIS-System

Schließlich sind noch die Kurse des computergestützten ⇒ IBIS-Systems zu erwähnen. Der IBIS-Handel, an dem, wie wir uns erinnern, nur DAX- und teilweise MDAX-Werte teilnehmen, hat für den Privatanleger keine sehr große Bedeutung, da er sich an diesem System nicht direkt beteiligen kann. Aber die Ergebnisse können sehr wohl einen Hinweis auf die weitere Entwicklung des Börsengeschehens geben. So kann man die IBIS-Entwicklung durchaus als Trend oder Indikator für die Kursentwicklung des nächsten Tages ansehen.

Das IBIS-System ergänzt, wie weiter vorne bereits ausgeführt, den Präsenzhandel und dient insbesondere dem vor- und nachbörslichen Handel, also dem Handel vor und nach den Börsenöffnungszeiten. Am IBIS-System agieren circa 250 Teilnehmer. Es werden im IBIS-Handel nur DAX- bzw. MDAX-Werte gehandelt. Im Gegensatz zum Parketthandel machen im IBIS-Handel keine Kursmakler den Kurs, sondern der Kurs bildet sich aufgrund der online eingegebenen Verkaufs- und Kaufaufträge automatisch (DV-maschinell).

Der IBIS-Handel wird im Kurszettel zusammen mit DAX- und MDAX-Werten dargestellt.

Die Kurse im IBIS-System zeigen den nachbörslichen Trend an.

⇒ IBIS-System: s. Kap. 2, Präsenzbörse und Computerbörse, S. 49

Bezugsrecht-Handel

Auch mit ⇒ Bezugsrechten wird Handel getrieben. Die Bezugsrechte haben eigenständige Kurse und werden entsprechend veröffentlicht. Sie finden sich in den Kurszetteln meistens auf der ersten oder zweiten Seite.

Das Bezugsrecht – wir erinnern uns – hat einen eigenständigen Preis. Er ergibt sich aus dem Kursverlust, den die alten Aktien nach Emission der jungen Aktien erleiden werden. Diesen Preis kann man finanzmathematisch bestimmen. Er ergibt sich aus dem Börsenschlusskurs der alten Aktien vor der Kapitalerhöhung, dem Bezugspreis der jungen Aktien und dem Bezugsverhältnis. Dieser rechnerische Wert muss aber nicht dem gehandelten Wert des Bezugsrechts entsprechen. Der effektive Wert des Bezugsrechts ergibt sich aus Angebot und Nachfrage an der Börse.

Wie wird das Bezugsrecht in den Tageszeitungen dargestellt?

Kurszettel
Überschrift: Bezugsrecht-Handel
Titel: Name mit den Konditionen
Kursentwicklung: Tages- und Vortageskurs

Bezugsrechte haben wie Aktien einen eigenen Handel mit eigenständigen Kursen.

⇒ Bezugsrecht: s. Kap. 1, Wie funktioniert das Bezugsrecht? S. 36

Lesehilfe: Kurszusätze

Nicht nur die Kurse sind für die Börsianer wichtige Informationen, sondern auch die Kurszusätze. Die Kurszusätze enthalten wichtige Informationen über die Art und Weise, wie ein Kurs zustande kam. Sie sind damit Indikatoren für die Marktlage. Die Kurszusätze sind in Form von Buchstaben und Abkürzungen dargestellt, die von Börse zu Börse leicht variieren können.

Abk.	Text	Erläuterung
b	bezahlt	Alle Aufträge wurden ausgeführt
B	Brief	Es lagen Verkaufsangebote vor, die jedoch nicht realisiert werden konnten
bB	bezahlt Brief	Umsätze zum angegebenen Kurs fanden statt; es liegen aber noch weitere Verkaufsangebote vor, die nicht realisiert werden konnten
G	Geld	Es lagen Kaufangebote vor, die jedoch nicht realisiert werden konnten
bG	bezahlt Geld	Umsätze zum angegebenen Kurs fanden statt; es liegen aber noch weitere Kaufangebote vor, die nicht realisiert werden konnten
ex B, ex Bez	ohne Bezugsrecht	Kursnotierungen am ersten Börsentag ohne Bezugsrecht auf junge Aktien
ex D, ex Div	ohne Dividende	Nach Dividendenausschüttung; Kursnotierung ohne Berechtigung auf Dividende
–	gestrichen	Mangels Aufträgen fand kein Umsatz statt
–B	gestrichen Brief	Da überwiegend unlimitierte Verkaufsaufträge vorlagen, konnte kein Kurs festgestellt werden
–G	gestrichen Geld	Da überwiegend unlimitierte Kaufaufträge vorlagen, konnte kein Kurs festgestellt werden
T	Taxkurs	Da keine Umsätze stattfanden, konnte der Kurs nur geschätzt werden

☞ *Kurszusätze beschreiben, wie ein Kurs zustande kam. Sie können auch wichtige Warnsignale sein – z. B., wenn keine ausreichenden Umsätze stattgefunden haben.*

Lesehilfe: Abkürzungen

Abkürzungen geben Auskunft über die Art der Aktien.

- Bei allen Titeln ohne Zusätze handelt es sich für gewöhnlich um Inhaberaktien. Manchmal erhalten aber auch Inhaberaktien einen Zusatz: Inh.
- Immer mit Zusatz sind Namensaktien gekennzeichnet: NA – und ganz besonders vinkulierte Namensaktien: vink. NA.
- Interessant ist auch die Unterscheidung nach Stammaktie und Vorzugsaktie. Hier gibt es eine entsprechende Kennzeichnung in den Kurszetteln: StA oder St für Stammaktien, VZ, VA oder V für Vorzugsaktien. Stammaktien und Vorzugsaktien unterscheiden sich meistens auch in ihrem Aktienkurs.
- Junge Aktien werden mit dem Zusatz jge. oder junge gekennzeichnet. Man versteht darunter Aktien, die im Zuge einer Kapitalerhöhung von einer Aktiengesellschaft ausgegeben wurden und die für das erste Jahr oder Teiljahr keine Dividendenberechtigung haben. Der Zusatz entfällt, wenn die Ausstattungsmerkmale alter und neuer Aktien keinen Unterschied mehr aufweisen. Erhöht eine Aktiengesellschaft in einem Geschäftsjahr ihr Grundkapital zweimal, so kann auch einmal die Bezeichnung »jüngste« Aktie auftauchen.

☞ *Die Aktienarten kann man im Kurszettel an den Zusätzen erkennen.*

Aktienkurse ausländischer Börsen

Natürlich gibt es im Wirtschaftsteil auch Informationen über die Kursentwicklung von Titeln an den ausländischen Börsen. Das beginnt zunächst einmal mit Veröffentlichungen über diverse ausländische Indizes. Diese werden, wie auch die deutschen Indizes, als Zahlen oder – seltener – als Grafiken veröffentlicht. Auch die ausländischen Indizes können als Vergleichsmaßstab für die individuelle Aktienentwicklung dienen.

Im Wirtschaftsteil der Zeitung findet man die bedeutendsten Aktientitel von wichtigen ausländischen Börsen. Hier lässt sich die Entwicklung des Einzeltitels ablesen.

TIP: Man sollte ein Engagement in ausländischen Titeln nur vornehmen, wenn man deren Entwicklung auch ständig nachvollziehen kann, wenn sie also in der Tageszeitung veröffentlicht werden, zu der man regelmäßig Zugang hat.

Auch bei Veröffentlichungen über ausländische Aktienmärkte sind Index und Einzelwert von Interesse.

Unternehmen (Ende Geschäftsjahr) HV-Termin	WPKN Börsenplatz	Kürzel Branchenschlüssel	Kurs am 19.11.96	Kurs am 26.11.96 Branche	Veränd. Aktie Branche	Volatilität Wochenums. in Stück	Hoch/Tief ab 26.11.95
Aach.-u. Münch. Bet. NA (31.12.) 30.08.96	840000 Frankfurt	#AMBGn #86	1250.00	1160.00 BT Versicherungs-Hold.	-7.20 % -1.08 %	40.89 25.018	1430.00 900.00
Aach.-u. Münch. Bet. IN (31.12.) 30.08.96	840002 Frankfurt	#AMBG #86	960.00 bG	1025.00 Versicherungs-Hold.	+6.77 % -1.08 %	30.66 9.447	1190.00 760.00
Aach.-u. Münch. Lebensv. (31.12.) 05.05.97	845392 Frankfurt	#AMLG #83	700.00	700.00 Lebensversicherung	0.00 % +1.46 %	19.45 9.190	*700.00 420.00
Aach.-u. Münch. Vers. (31.12.) 10.06.96	841080 Frankfurt	#AMVG #84	420.00 bG	425.00 bG Sachversicherung	+1.19 % +1.44 %	31.04 16.254	520.00 370.00
Adidas (5) (31.12.) 30.05.96	500340 Frankfurt	#ADSG #32	128.90	130.00 Sportartikel	+0.85 % +0.46 %	32.10 2.741.491	148.30 70.15

Abbildung 10: Auszug aus einer Darstellung der Aktienentwicklung in »Börse online«

Devisenkurse

Besitzt man ausländische Aktien, wird man ab und zu deren Werte in DM umrechnen. Hierzu benötigt man die entsprechenden Devisen- bzw. Wechselkurse. Sie drücken das Umrechnungsverhältnis zwischen zwei Geldwährungen aus.

Die Wechselkurse werden im Wirtschaftsteil der Zeitung veröffentlicht. Die Wechselkurse werden unterteilt nach Devisen (Scheine), Sorten (Münzen) und Noten (Schecks). Noten werden bei den Ländern ausgewiesen, die keine bei uns gängigen Währungen haben. Weiterhin wird unterteilt nach Geld- und Briefkurs. Der Geldkurs ist der Ankaufskurs, der Briefkurs der Verkaufskurs für ausländische Valuta.

Unter *Devisen- und Sortenkurse* findet man die gängigen Währungen, die an deutschen Börsen gehandelt werden. Unter *Devisen im Freiverkehr* findet man die »exotischen« Währungen, die zumindest nicht regelmäßig gehandelt werden. Unter *Devisen-Cross Rates* versteht man schließlich die Beziehungen von Währungen untereinander, also unabhängig von der DM.

☞ *Für den Anleger mit ausländischen Aktien sind die Devisenkurse zumindest für die Bewertung der Aktien wichtig.*

Marktkapi-talisierung Streubesitz	Gez. Kapital Aktiengatt.	Dividende und Ergebnis je Aktie						Div-Rend. KGV	Cash-Flow je Aktie KCV	Umsatz Börsenw. je 1 DM Umsatz
		1992	1993	1994	1995	1996e	1997e			
4673.41 Mio	245.44 Mio	12.50	14.00	20.00	15.00	15.00	17.00	1.5 %	164.39	15101.40 Mio
33.20 %	201.44 Mio	27.40	27.30	21.20	31.63	38.00	42.00	27.6	7.06	0.37 DM
902.00 Mio	245.44 Mio	12.50	14.00	20.00	14.00	14.00	16.00	1.6 %	164.39	15101.40 Mio
33.20 %	44.00 Mio	27.40	27.30	21.20	31.63	38.00	42.00	24.4	6.24	0.37 DM
210.00 Mio	60.00 Mio	22.50	11.00	12.50	12.50	12.50	12.50	1.8 %	59.85	3290.87 Mio
25.00 %	15.00 Mio	13.30	15.40	24.00	26.00	27.00	30.00	23.3	11.70	0.26 DM
989.74 Mio	116.44 Mio	27.00	10.00	11.00	12.50	12.50	12.50	2.9 %	50.35	2058.20 Mio
22.71 %	116.44 Mio	18.20	24.60	30.25	40.03	42.00	41.00	10.4	8.44	0.48 DM
5894.20 Mio	226.70 Mio	-	-	0.00	0.25	1.40	1.50	1.2 %	7.48	3500.24 Mio
69.20 %	226.70 Mio	-	-	2.59	5.60	8.00	10.00	13.0	17.38	1.68 DM

Informationen über Kennzahlen

Häufig will der Anleger über die reinen Kurse hinaus mehr Informationen für die Bewertung einzelner Aktiengesellschaften. Informationen über Kennzahlen bieten die Börsenmagazine.
Im Pflichtblatt der Frankfurter Börse »Börse online« wird man beispielsweise informiert über

- Volatilität
- Hoch und Tief
- Dividende und Ergebnis je Aktie
- Dividendenrendite
- KGV
- Cash-Flow
- Kurs-Cash-Flow-Verhältnis

Weiterhin erhält man zu Einzelaktien ganz konkrete Bewertungen und Kauf- bzw. Verkaufsempfehlungen.

☞ *Die Börsenmagazine geben noch weitere Informationen, z. B. über Kennzahlen. Sie geben auch konkrete Empfehlungen.*

Wo gibt es die Börseninformationen?

Börseninformationen gibt es in Tageszeitungen und Magazinen, im Fernsehen und im Rundfunk. Jeder kann den Informationsdienst wählen, der seinen Bedürfnissen am nächsten kommt.
Deutsche Tageszeitungen mit besonderem Börsenteil sind z. B.:
Handelsblatt: Verlagsgruppe Handelsblatt GmbH, Kasernenstr. 67, 40213 Düsseldorf
Blick durch die Wirtschaft: Frankfurter Allgemeine Zeitung GmbH, Hellerhofstr. 2, 60327 Frankfurt

Frankfurter Allgemeine Zeitung: Frankfurter Allgemeine Zeitung GmbH, Hellerhofstr. 2, 60327 Frankfurt
Börsen-Zeitung: Verlag Börsen-Zeitung, Düsseldorfer Str. 16, 60329 Frankfurt
Die Welt: Springer-Verlag, Axel-Springer-Str. 65, 10969 Berlin
Stuttgarter Zeitung: Stuttgarter Zeitung Verlagsgesellschaft, Plieninger Str. 150, 70567 Stuttgart
Süddeutsche Zeitung: Süddeutscher Verlag, Sendlinger Str. 8, 80331 München

Zeitschriften und Magazine mit Börseninformationen gibt es zahlreich. Beispielhaft aufgeführt seien:
Anlage Praxis: Betriebswirtschaftlicher Verlag, Abraham-Lincoln-Str. 46, 65189 Wiesbaden; erscheint monatlich
Börse-Aktuell: Verlag Börse-Aktuell, Martinstr. 4, 73728 Esslingen; erscheint alle zwei Wochen
Börse online: Börse online Verlag GmbH & Co., Ingolstädter Str. 20, 80807 München; erscheint wöchentlich freitags
Capital: Gruner + Jahr AG & Co. Druck- und Verlagshaus, Eupener Str. 70, 50933 Köln; erscheint monatlich
Cash: Cash-Verlags-GmbH, Brabandstr. 1, 22297 Hamburg; erscheint alle zwei Monate
Das Wertpapier: Das Wertpapier Verlagsgesellschaft mbH, Humboldtstr. 9, 40237 Düsseldorf; erscheint jeden zweiten Freitag
DM: Verlagsgruppe Handelsblatt, Kasernenstr. 67, 40213 Düsseldorf; erscheint monatlich
Effecten Spiegel: Verlag Effecten-Spiegel AG, Tiergartenstr. 17, 40237 Düsseldorf; erscheint wöchentlich
Finanzen: Finanzen Verlagsgesellschaft für Kapitalmarktinformationen, Keltenring 12, 82041 Oberhaching; erscheint monatlich
Impulse: Gruner + Jahr AG & Co. Druck- und Verlagshaus, Am Baumwall 11, 20459 Hamburg; erscheint monatlich
Wirtschaftskurier: Wirtschaftskurier Verlagsges.mbH, Lindwurmstr. 201, 80337 München; erscheint monatlich

Wirtschafts Woche: Verlagsgruppe Handelsblatt, Kasernenstr. 67, 40213 Düsseldorf; erscheint wöchentlich

Börseninformationsblätter geben besondere Empfehlungen. Sie kosten aber auch relativ viel. Nicht alle Informationsblätter sind ihr Geld wert. Die individuelle Erfahrung ist der beste Beurteilungsmaßstab. Beispielhaft seien genannt:
CC-Brief: FS Schmidt Vermögensverwaltung, Theodor-Heuss-Ring 20, 50668 Köln; 30 Ausgaben jährlich
Czerwensky intern: Kronberger VerlagsgmbH, Eschersheimer Landstr. 9, 60322 Frankfurt; erscheint zweimal wöchentlich
Der Platow Brief: Verlag Aktuelle Information, Stuttgarter Str. 25, 60329 Frankfurt; erscheint dreimal wöchentlich
Frankfurter Börsenbriefe: Verlag Schmitt GmbH, Birkenallee 14, 32760 Detmold; erscheint jeweils montags
Geldbrief: Informationsbriefe Auditor AG, Postfach 1618, FL-9490 Vaduz; erscheint zweimal monatlich
Gerlach-Report: Verlag Deutsches Finanzdienstleistungs-Informationszentrum GmbH, Abraham-Lincoln-Str. 46, 65189 Wiesbaden; erscheint wöchentlich
Swingtrend: Gamma Verlag GmbH, Herzogstr. 97, 80796 München; erscheint wöchentlich.

Auch Loseblattsammlungen mit regelmäßiger Aktualisierung sind eine gute Informationsquelle. Beispiele sind:
Die Aktien-Analyse: Verlag Rentrop, Theodor-Heuss-Str. 4, 53177 Bonn
Das Geld-ABC: WRS Verlag, Fraunhofer Str. 5, 82152 Planegg
GeldTipps: Akademische Arbeitsgemeinschaft GmbH, Postfach 100161, 68001 Mannheim
Vorteilhafte Geldanlagen: Haufe Verlag, Hindenburgstr. 64, 79102 Freiburg

Fast alle Radiostationen bringen regelmäßig Börsennachrichten, z. B.:
Bayern 1, Bayern 2, Bayern 5 aktuell (halbstündig), Antenne Bayern, WDR 2, WDR 3, WDR 5, SDR 1, SDR 3, HR 4, Hansawelle 1, Deutsche Welle, Deutschlandfunk

Und im Fernsehen finden sich auf folgenden Sendern Börsennachrichten:
n-tv (halbstündig), ARD, ZDF, 3SAT, MDR III, DSF

TIP: Man sollte gründlich prüfen, ehe man sich bindet. Dann jedoch empfiehlt es sich, als Basisinformation immer die gleiche Publikation zu verwenden, da man dann den entsprechenden Aufbau versteht und auch schnell findet, was man sucht.

Oft wird die Frage gestellt, wo man denn die besten Informationen erhält. So einfach und objektiv lässt sich die Frage leider nicht beantworten, da bereits das Leseverhalten jedes Anlegers unterschiedlich ist.

Aber ich kann eine subjektive Antwort geben.

Frage: Wie informiere ich mich?

Antwort: Für die tägliche Information ist für mich das Handelsblatt Pflichtlektüre. Will ich noch ganz aktuelle Tageskurse abfragen, nutze ich Btx am Fernseher oder online die Handelsblattauskunft. Will ich zur Beurteilung den aktuellen Kursverlauf wissen, wende ich mich online an Hoppenstedt. Er hat die besten Charts. Darüber hinaus lese ich als Wochenlektüre Börse online.

Es gibt viele unterschiedliche Informationsquellen für das Börsengeschehen. Jeder Anleger sollte für sich selbst herausfinden, welches Medium für ihn das beste Mittel zur Information darstellt.

7.
Nun beginnt die Strategie

Der strategische Ansatz

Ob Einsteiger oder Profi, jeder, der in Aktien investiert, wird einer bestimmten Strategie folgen. Doch was sich nach geheimnisvollem und kompliziertem Expertenwissen anhört, lässt sich im Prinzip auf zwei Grundfragen reduzieren:

- Wann sollte ich welche Aktien kaufen?
- Wann sollte ich meine Aktien wieder verkaufen?

Wir werden in diesem Kapitel mehrere Strategien betrachten. Welche man für seinen eigenen Anlage-Erfolg nutzen will, hängt nicht zuletzt von der individuellen Persönlichkeit und Risikobereitschaft ab.

Im Kapitel »Analyse und Kennzahlen« haben wir verschiedene nützliche mathematische und wissenschaftliche Modelle zur Festlegung einer Strategie kennen gelernt. Diese sollen nicht wiederholt und auch nicht variiert werden. An dieser Stelle sollen praktische Empfehlungen gegeben werden, wie auch der Kleinanleger eine Strategie formulieren kann – ohne dabei mathematische Modelle im PC aufzubauen. Grundlage ist jedoch, dass er den ⇒ Wirtschaftsteil der Zeitung zu lesen weiß.

Darüber hinaus ist wichtig zu erwähnen: Strategien haben nur dann einen Sinn, wenn man sie auch konsequent befolgt.

➥ *Die Ziele eines Anlegers sind Kapitalzuwachs und Kapitalertrag. Für die Auswahl der Aktien bedient man sich unterschiedlicher Kriterien.*

Kaufstrategie: Standardwerte oder Nebenwerte

Für Einsteiger ist die erste sinnvolle Strategiefrage, ob man sich für den Kauf von Standardwerten oder Nebenwerten entscheidet.

Zur Erinnerung: Standardwerte sind die Aktien, die im DAX gehandelt werden. Nebenwerte sind kleinere Unternehmen, denen man manchmal eine stärkere Dynamik zubilligt.

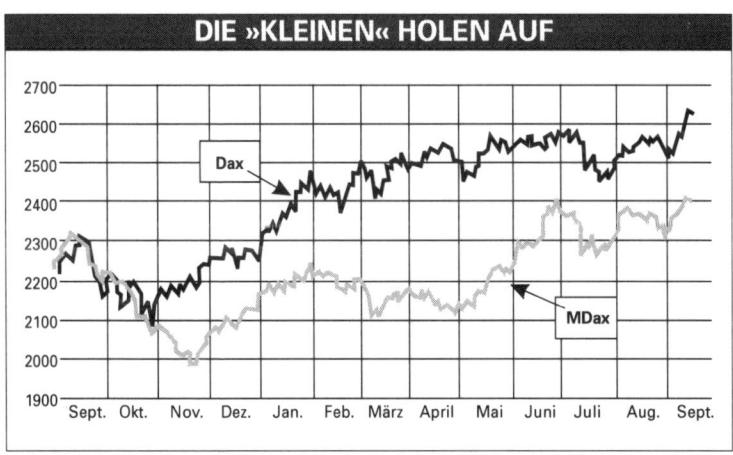

Abbildung 11: In der Grafik ist deutlich erkennbar, wie seit Mai die Werte des MDAX anziehen und der DAX-Entwicklung nacheifern. Zu diesem Zeitpunkt ist die Entscheidung richtig, in MDAX-Werten (Nebenwerten im amtlichen Handel) zu investieren. Nach: Handelsblatt-Grafik; *Quelle:* Datastream.

Standardwerte

- liegen nahe am DAX
- werden immer gehandelt
- haben eine relativ geringe Volatilität
- sind relativ sicher.

Nebenwerte

- entwickeln sich zum DAX unterschiedlich
- haben eine größere Dynamik und größere Volatilität
- sind daher auch risikoreicher.

Eigentlich ist die Entscheidung ganz einfach, denn sie ist abhängig von der Erfahrung des Anlegers.

Stufen-Empfehlung

- Der Anfänger wird zunächst in DAX-Werte investieren. Das sind die besten Aktientitel. Man kann die Kurse leicht und regelmäßig verfolgen. Auch der Fortgeschrittene wird einen Teil seines Kapitals in DAX-Werten investieren.
- Hat man Erfahrung gesammelt, die ersten Analysen vorgenommen und festgestellt, dass Nebenwerte unterbewertet sind, kann man Nebenwerte ins Depot aufnehmen. Dabei wird man zunächst nur Nebenwerte auswählen, die im amtlichen Markt gehandelt werden. Man hat die Sicherheit, dass diese Aktien regelmäßig gehandelt werden. Und zusätzlich gewöhnt man sich an die Systematik der Kursdarstellungen.
- Als nächsten Schritt kann man sich dann mit Nebenwerten des geregelten Marktes und eventuell des Freiverkehrs auseinandersetzen. Ein solches Investment setzt aber die Analyse des Einzelwertes voraus. Da der normale Anleger – aus Zeit- oder Wissensgründen – nicht in der Lage ist, eine solche Analyse vorzunehmen, informiert man sich in den entsprechenden Publikationen.

Der Anleger F wollte Aktien erstehen, wusste aber nicht welche. Er war bereit, 20 000 DM einzusetzen. Zuerst investierte er in DAX-Werte. Er kaufte Siemens, Karstadt und Allianz. Mit diesen Werten partizipierte er am allgemeinen Kursaufschwung. Der DAX stieg auf neue Höchstkurse. Er realisierte den Gewinn und stieg aus. Nun stand er vor der Frage, wie er sein Geld wieder anlegen sollte. Nach gründlichen Analysen bemerkte er, dass die Fahrradfabrik AG, ein typischer Nebenwert, gegenüber der DAX-Entwicklung unterbewertet war. Deshalb stieg er bei diesem Titel ein. Während der DAX an Fahrt verlor, zog der Kurs der Fahrradfabrik AG an. Wie erwartet, wurde der Nachholbedarf ausgeglichen.*

Die Entscheidung zwischen Standardwerten und Nebenwerten ist eine Frage der Erfahrung. Für Anfänger sind Standardwerte zu empfehlen.

Kaufstrategie: Den DAX nachbilden

Eine relativ sichere Strategie kann auch darin bestehen, den ⇒ DAX als Maßstab für den Kauf von Aktien zu nehmen.

Kauft man Aktien in der gleichen Zusammensetzung wie der DAX, kann man davon ausgehen, dass sich das Depot wie der DAX entwickeln wird. Dabei muss man jedoch bedenken, dass die einzelnen Unternehmen im DAX in unterschiedlicher Gewichtung enthalten sind und dass von Zeit zu Zeit die DAX-Werte neu gewichtet werden. Will man nun den DAX nachbilden, kauft man die DAX-Titel nach ihrer prozentualen Gewichtung. Dazu benötigt man jedoch eine relativ hohe Investitionssumme. Man kann sich aber auch damit behelfen, den Index nicht genau, sondern lediglich hinsichtlich seiner Branchengewichtung nachzubilden. In diesem Fall wählt man innerhalb einer Branche den stärksten Titel und wichtet diesen mit der gesamten Branche. Um den DAX nachzubilden, genügen in der Regel neun bis zehn Titel.

Titel	Anteil des Titels (%)
Daimler	13
Bayer	19
Metro	3
Siemens	12
Veba	14
SAP	3
Lufthansa	2
Deutsche Telekom	5
Deutsche Bank	15
Allianz Holding	14
Summe	100

Investiert man in diese Aktienauswahl mit dieser Gewichtung, kann man davon ausgehen, dass sich das Depot ähnlich wie der DAX entwickeln wird.

✍ *Wer auf Sicherheit Wert legt, kann den DAX nachbilden.*

⇒ DAX: s. Kap. 5, Wichtigste Kennzahl: der DAX, S. 93

Kaufstrategie: Auswahl nach relativer Stärke

Relativ einfach ist folgende Strategie: Auf die ⇒ Gewinner setzen! Man erstelle eine Hitliste der Aktien, die

- im letzten Monat
- in den letzten drei Monaten
- im letzten Jahr

am meisten gestiegen sind.

Man kann sich für eine dieser Hitlisten entscheiden oder eine Kombination der drei Hitlisten bilden. Keine Angst, die Hitlisten muss man nicht selbst entwickeln. Sie finden sich in den Börsenmagazinen.

- Auswahl unter den zehn Aktien, die *im letzten Monat* am stärksten gestiegen sind. Das bedeutet, dass man dem kurzfristigen Trend folgt und unterstellt, dass dieser in der nächsten Zeit ebenso anhält.
- Auswahl unter den zehn Aktien, die *in den letzten drei Monaten* am stärksten gestiegen sind. Das bedeutet, dass man dem mittelfristigen Trend folgt und unterstellt, dass sich dieser in den nächsten Monaten ähnlich weiterentwickelt.
- Auswahl unter den zehn Aktien, die *im letzten Jahr* am meisten gestiegen sind. Das bedeutet, dass man dem längerfristigen Trend folgt und unterstellt, dass dieser im nächsten Jahr ebenso verläuft.
- Nun kann man noch eine Kombination der Hitlisten aufstellen: Auswahl unter den zehn Aktien, die in den letzten drei Monaten am stärksten gestiegen sind. Sie müssen auch noch unter den 30 Aktien sein, die im letzten Monat und im letz-

Rang	Aktie	Relative Starke
1	Porsche VZ	39,52 %
2	Bayerische Vereinsbank (5)	29,80 %
3	Henkel VZ (5)	27,21 %
4	Degussa	27,18 %
5	Hoechst (5)	26,72 %
6	Daimler Benz (5)	24,81 %
7	RWE (5)	24,01 %
8	BASF (5)	22,15 %
9	Mannesmann	19,25 %
10	Volkswagen	17,99 %

Abbildung 12: Die in den vergangenen Monaten im FAZ-Index enthaltenen, relativ am stärksten gestiegenen Aktien (mit freundl. Genehmigung von »Börse online«)

ten Jahr am stärksten gestiegen sind. Damit wird die Fokussierung auf die mittelfristige Betrachtung gelegt, die lang- und kurzfristige Perspektive jedoch nicht vollkommen aus dem Blick verloren.

Die Strategie ist simpel und leicht zu verstehen. Das einzige Problem ist, ihr konsequent zu folgen, weil man sich vielfach von kurzfristigen Einflüssen (Kursgewinne locken, Kursverluste drohen) leiten lässt.

☞ *Die Strategie ist einfach und simpel: Auf die Gewinner setzen.*

⇒ Gewinner: s. Kap. 5, Welche Bedeutung hat die relative Stärke? S. 103

Kaufstrategie: Auswahl nach Bewertung gegenüber Index

Wie schon ausgeführt, ist der ⇒ Index ein Maßstab. Eine Aktie ist umso besser, je stärker sie den Index schlägt. Daraus kann man natürlich auch ein Auswahlkriterium machen:

Empfehlung 1:
Auswahl aus den zehn Aktien, die den DAX in einer definierten Zeitperiode (z. B. während der letzten drei Monate) am stärksten übertroffen haben.

Dabei kann man auch noch Nebenbedingungen stellen:

- Es darf sich nur um DAX-Titel handeln (die den DAX geschlagen haben)
- Es darf sich nur um Nicht-DAX-Titel handeln (die den DAX geschlagen haben).

Empfehlung 2:
Welcher Branchenindex hat den DAX geschlagen? Man kann daraufhin die Aktien der »Sieger-Branche« aussuchen, die wiederum den Branchenindex geschlagen haben.

Kontrolle:
Bei solchen Überlegungen muss man immer eine logische »Kontrolle« durchführen. Es ist zu überprüfen, warum ein Titel bzw. eine Branche schlechter oder besser als der Index abgeschnitten hat. Erst wenn man auf diese Frage eine plausible Antwort hat, kann man sich auf die Strategie verlassen. Somit sollen Zufälligkeiten ausgeschaltet werden.

Der Anleger F ist genau nach dieser Strategie vorgegangen. Er hat den DAX als Vergleich genommen: Der DAX ist im letzten Jahr um 78% gestiegen. Welche Branche hat besser abgeschnitten? Er hat herausgefunden, dass die Fahrradbranche um 101% gestiegen ist. Nunmehr hat er die Aktien dieser Branche untersucht und festgestellt, dass die Fahrradfabrik AG absoluter Spitzenreiter war. Der Zuwachs des Aktienkurses betrug 122%. Nun hat er versucht zu hinterfragen, ob es für diese Entwicklung ganz spezifische Gründe gibt. Der Geschäftsverlauf war äußerst gut, man gewann Marktanteile, der Gewinn entwickelte sich überproportional. Er konnte keine außergewöhnlichen Einflüsse feststellen (z. B. staatliche Subventionen, außerordentliche Erträge, einmalige Großprojekte). Die Geschäftsentwicklung verlief kontinuierlich. So stand seine Auswahl fest: Er investiert in die Fahrradfabrik AG.

☞ **Die Auswahl unterbewerteter Aktientitel sollte nicht nur aufgrund statistischer Auswertungen stattfinden, sondern auch qualitativ hinterfragt werden.**

⇒ Wirtschaftsteil: s. Kap. 6, Wie liest man den Wirtschaftsteil einer Zeitung, S. 109
⇒ Index: s. Kap. 5, Wichtigste Kennzahl: der DAX, S. 93 und Kap. 6, Der DAX als Maßstab, S. 109

Kaufstrategie: Auswahl nach KGV

Das ⇒ KGV, Kurs-Gewinn-Verhältnis, wurde bereits beschrieben. Es eignet sich besonders gut als Auswahlkriterium für den Kauf von Aktien.

Zu empfehlen ist, die Aktie mit dem niedrigsten KGV zu wählen. Niedrige Kurs-Gewinn-Verhältnisse weisen auf unterbewertete oder zyklische Aktien hin. Die Rangliste nach KGV findet man in den Börsenmagazinen.

☞ *Das KGV weist auf unterbewertete Aktien hin. In Insiderkreisen glaubt man, dass unterbewertete Aktien ein hohes Entwicklungspotential haben.*

⇒ KGV: s. Kap. 5, Welche Bedeutung hat das KGV? S. 102

KURS-GEWINN-VERHÄLTNIS

Rang	Aktie	KGV
1	Knürr-Mechanik VZ	7.05
2	Walter	7.12
3	Thyssen Industrie	7.16
4	Dywidag	7.17
5	Knürr-Mechanik ST	7.26
6	CS-Interglas	7.33
7	Langbein-Pfanhauser (5)	7.35
8	FAG Kugelfischer (5)	7.60
9	Eurokai VZ	7.66
10	VDN	7.76
11	Leonische Drahtwerke	8.27
12	MAX Holding	8.28
13	Metro II VZ (5)	8.29
14	Einhell, Hans VZ	8.39
15	Behrens J. F. (5)	8.44

Abbildung 13: Aktien mit dem günstigsten Kurs-Gewinn-Verhältnis (KGV) auf der Basis des für 1997 geschätzten Gewinns (mit freundl. Genehmigung von »Börse online«)

Kaufstrategie:
Auswahl nach Dividendenrendite

Auch die ⇒ Dividendenrendite wurde bereits behandelt. Sie wird im Finanzteil der Tageszeitungen veröffentlicht. Eine Auswahl gewinnbringender Aktien kann man sehr gut nach dem Kriterium Dividendenrendite vornehmen.

Zu empfehlen ist, Aktien mit einer Dividendenrendite von mindestens 7 % auszuwählen. Noch einfacher: Man wählt schlicht die Aktie mit der höchsten Dividendenrendite. Die Dividendenrendite wird in den Börsenmagazinen regelmäßig veröffentlicht.

☞ *Die Dividendenrendite drückt die Ertragskraft des Titels aus. Damit eignet sich das Kriterium gut zur Auswahl.*

⇒ Dividendenrendite: s. Kap. 5, Was sagt die Dividendenrendite aus? S. 104 und Kap. 1, Was ist die Dividende? S. 43

Verkaufsstrategie:
Auswahl nach relativer Stärke

Die Wahl einer guten Kaufstrategie geht mit dem Nachdenken über eine optimale Verkaufsstrategie einher. Diese kann man durchgängig nach den gleichen Kriterien gestalten.

Das heißt auch Verkaufsstrategien werden nach den Kriterien

- relative Stärke
- Bewertung gegenüber dem Index
- KGV
- Dividendenrendite ausgerichtet.

Verkaufsstrategie nach ⇒ relativer Stärke heißt dann: Nach einer bestimmten Zeitspanne (mindestens ein halbes Jahr – aus steuerlichen Gründen) kann das Depot mit »besseren« Werten aufgefrischt werden.

Das heißt konkret: Die drei Werte mit der geringsten »relativen Stärke« verkaufen und drei neue Titel mit den besten Werten für die »relative Stärke« aussuchen. Nun muss man sich an seiner Konsequenz messen lassen: Zeitraum festlegen (kann beliebig sein) und entsprechend »Rezept« kaufen und verkaufen. Der jeweils gleiche Zeitraum führt zu einem Ausgleich der Kursschwankungen.

Aktionär F ist ein rational denkender Mensch. Er hat die strategischen Ansätze durchdacht und die zehn Aktienwerte herausgefiltert, die über einen Zeitraum von einem Jahr die größte relative Stärke aufwiesen. Diese Werte hat er gekauft und ein Jahr liegen lassen. Er hat keine Börsennachrichten gelesen und sich das ganze Jahr überhaupt nicht um seine Anlage gekümmert. Nach Ablauf des Jahres machte er Kassensturz. Er stellte wieder eine Liste der zehn Titel mit der besten relativen Stärke auf. Die vor einem Jahr gekauften Werte waren nicht darunter. Nun verkaufte er die fünf »schlechtesten« Titel, die er im Depot hatte, und kaufte dafür die absolut »besten« fünf Titel. Das Ergebnis war beeindruckend. Die zuerst gekauften Aktien brachten noch eine schöne Kurssteigerung, die sich dann jedoch verflachte. Diese Aktien wurden durch die neuen »Renner« ausgetauscht, an deren weiterem Kursgewinn der Aktionär wieder partizipieren will.

Kauf und Verkauf können der Veränderung des gleichen Kriteriums folgen: relative Stärke.

⇒ Relative Stärke: s. Kap. 5, Welche Bedeutung hat die relative Stärke? S. 103

Verkaufsstrategie: Auswahl nach Bewertung gegenüber Index

Bei der Verkaufsstrategie: Auswahl nach Bewertung gegenüber ⇒ Index gilt die gleiche Regel: Nach einer bestimmten Zeitspanne (mindestens ein halbes Jahr – aus steuerlichen Gründen) ist das Depot mit »besseren« Werten aufzufrischen.

Dazu analysiert man, ob die Werte den Index erreicht bzw. übertroffen haben. Die drei Werte, die im Verhältnis zum Index am schlechtesten abgeschnitten haben, werden verkauft und drei neue Titel, die weit besser als der Index sind, werden aufgenommen.

Zugegeben, Aktionär M hat etwas geschummelt. Er kann nicht behaupten, dass er die Werte ausgewählt hat, die absolut die beste Entwicklung gegenüber dem Index hinter sich hatten. Er hatte sich auf die DAX-Werte beschränkt, also nur diese untersucht. Und er hat die Untersuchung auch nicht selbst vorgenommen, sondern stattdessen die Börsen-Bundesliga der Zeitschrift »Das Wertpapier« genommen. Er wählte die fünf besten Titel aus und investierte. Dann kümmerte er sich ein halbes Jahr lang nicht mehr um diese Aktientitel. Nach Ablauf des halben Jahres machte er Kassensturz. Er besorgte sich wieder eine Bundesliga-Liste und tauschte einfach aus. Die drei schlechtesten Werte ersetzte er durch die beiden besten Werte des vergangenen halben Jahres.

✋ *Kauf und Verkauf können der Veränderung des gleichen Kriteriums folgen: Bewertung gegenüber Index.*

⇒ Index: s. Kap. 5, Wichtigste Kennzahl: der DAX, S. 93 und Kap. 6, Der DAX als Maßstab, S. 109

Verkaufsstrategie: Auswahl nach KGV

Die Verkaufsstrategie kann auch hier die gleiche wie die Kaufstrategie sein: Auswahl nach ⇒ Kurs-Gewinn-Verhältnis.

Nach einer bestimmten Zeitspanne (mindestens ein halbes Jahr – aus steuerlichen Gründen) werden die drei Werte mit dem höchsten KGV verkauft und mit drei neuen Werten mit dem niedrigsten KGV ergänzt.

Es ist kein Problem, Ranglisten nach KGV zu finden. In jedem Börsenmagazin werden sie veröffentlicht. Der Aktionär S investierte in die zehn Werte mit dem niedrigsten KGV. Nach einem Jahr veränderte er sein Depot. Er verkaufte die drei Werte mit dem höchsten KGV und kaufte dafür drei Werte mit dem absolut niedrigsten KGV.

Allen Strategien ist gemein, dass sie an einem bestehenden Aufschwung partizipieren. Damit wird man zwar nicht den vollen Kursgewinn realisieren können, aber doch einen beachtlichen Anteil. Die gegenteilige Strategie (die es selbstverständlich auch gibt) wäre, immer die schlechtesten Werte zu kaufen und die besten zu verkaufen. Das hört sich vielleicht zunächst ganz gut an, aber man kann sich leicht in einen Negativtrend hineinkaufen, so dass die Aktien nach dem Kauf noch weiter sinken und Kursverluste verursachen. Diese Strategie ist daher Anfängern nicht zu empfehlen.

Kauf und Verkauf können der Veränderung des gleichen Kriteriums, des KGV, folgen.

⇒ KGV: s. Kap. 5, Welche Bedeutung hat das KGV? S. 102

Verkaufsstrategie:
Auswahl nach Dividendenrendite

Einer Strategie nach ⇒ Dividendenrendite folgt der Anleger, der möglichst hohe Dividendeneinnahmen erzielen möchte. Er kauft den Wert mit der höchsten Dividendenrendite, wartet einen Dividendenzyklus (ein Jahr) ab und verkauft daraufhin den Wert mit der niedrigsten Dividendenrendite (und kauft wiederum Werte mit einer hohen Dividendenrendite).

Es ist kein Problem, Ranglisten nach der Dividendenrendite zu finden. In jedem Börsenmagazin werden sie veröffentlicht. Der Aktionär H investierte in die zehn Werte mit der höchsten Dividendenrendite. Nach einem Jahr veränderte er sein Depot. Er verkaufte die drei Werte mit der niedrigsten Dividendenrendite und kaufte dafür drei Werte mit der absolut besten Dividendenrendite.

Man kann auch kombinierte Strategien verfolgen, z. B. der Kombination von Dividendenrendite und Bewertung gegenüber dem DAX.

Schritt 1: Man sucht sich die zehn DAX-Werte mit der höchsten Dividendenrendite aus.

Schritt 2: Aus diesen zehn Werten wählt man die fünf Titel aus, die gegenüber dem DAX die niedrigsten Werte aufweisen. Studien zeigten, dass dieses Auswahlverfahren sogar den DAX oder den Dow-Jones in der Performance schlagen konnte.

Diese Strategie setzt zum einen auf hohe Dividendenzahlungen, zum anderen auf eine Unterbewertung zum DAX, den der Titel (hoffentlich) einholt.

✏ *Kauf und Verkauf können der Veränderung des gleichen Kriteriums, der Dividendenrendite, folgen.*

⇒ Dividendenrendite: s. Kap. 5, Was sagt die Dividendenrendite aus? S. 104 und Kap. 1, Was ist die Dividende? S. 43

Verkaufsstrategie:
Auswahl nach Zielvorgaben

Eine ebenfalls sehr einfache Strategie ist die Ausrichtung an Zielvorgaben.

Was heißt das? Eine Verkaufsstrategie könnte lauten: Verkauf der Aktie, sobald sie um 15 % zugelegt hat.

Zusätzlich kann man dies auch noch durch eine Verlustbegrenzungs-Strategie ergänzen: Verkauf der Aktie, sobald sie über 5 % abgenommen hat. Die Kombinationsvorgabe könnte lauten: Die Aktie ist zu verkaufen, wenn sie entweder über 15 % gestiegen oder über 5 % gefallen ist.

Instrument für die Strategie der Verlustbegrenzung ist die Stop-Loss-Order. Bereits beim Kauf legt der Anleger einen unter dem Einstandskurs liegenden Stopp-Kurs fest. Erreicht der Kurs diese Position, wird automatisch verkauft. Das Verlustrisiko ist damit auf die Differenz zwischen Kauf- und Stopp-Kurs beschränkt.

Der Aktionär M hat die Aktien der Fahrradfabrik AG gekauft. Der Eindeckungskurs lag bei 93. Der Bank gab er nun den Auftrag, die Aktien zu verkaufen, sobald der Kurs auf 112 steigt oder sobald der Kurs auf 89 fällt.

Der Verkauf erfolgt beim Erreichen einer festgelegten Zielmarke.

8.
Anlagen zwischen Aktie und Anleihe

Was ist eine Optionsanleihe?

Die Optionsanleihe ist eine Industrieschuldverschreibung, die dem Inhaber neben der Festverzinsung ein Bezugsrecht (eine Option) auf die Aktien des Unternehmens einräumt. Sie ist damit eine Mischform aus Anleihe und Aktie. Die Optionsanleihe eignet sich für einen Anleger, der normalerweise auf festverzinsliche Werte setzt, aber einmal in die Welt der Aktien schnuppern möchte.

Die Optionsanleihe besteht aus zwei Teilen, aus der Anleihe und aus dem ⇒ Optionsschein. Nach Ablauf einer gewissen Frist kann die Option ausgeübt, also der Umtausch des Optionsscheines in die entsprechenden Aktien vorgenommen werden. Bei den Optionsanleihen ergibt sich damit die Besonderheit, dass das Wertpapier ab einem gewissen Zeitpunkt in zwei Einzelpapiere zerfällt. Optionsanleihe und Optionsschein sind jeweils börsenfähige Papiere.

Optionsanleihen bezieht man im Allgemeinen über die Börse. Für sie gibt es daher auch einen notierten Börsenkurs. Dieser Kurs gilt zunächst für die Anleihe mit Optionsschein. Nach einer gewissen Zeit erfolgt die Trennung zwischen Anleihe und Optionsschein. Die Anleihe bleibt bestehen und der Optionsschein hat an der Börse ein Eigenleben. Die Anleihe wird bis zum Ende ihrer Laufzeit mit einem festen Zinssatz verzinst. Sie wird an der Börse mit einem Kurs notiert, der jedoch wie alle festverzinslichen, umlaufenden (= an der Börse gehandelten) Anleihen wenig schwankt. Der Kurs des Optionsscheins kann dagegen wesentlich stärker schwanken. Er orientiert sich an der Entwicklung des Aktien-Basiswertes. Durch die Ausübung des Rechts zur Umwandlung wird der Anleihenbesitzer zum Aktionär.

Wichtig ist, dass das Bezugsrecht auf ein Wertpapier nicht durch die Anleihe selbst begründet wird, sondern durch den Optionsschein. (Optionsschein heißt auf Englisch »warrant«. Gerne wird auch in Deutschland dieser Begriff genutzt.) Damit ist der Optionsschein ein eigenständiges Wertpapier, das seinem Inhaber den Bezug von Aktien eines bestimmten Emittenten einräumt.

Die Emission einer Optionsanleihe setzt voraus, dass der Emittent einen gewissen Teil seines Grundkapitals für die Lieferung von Aktien an die Inhaber von Optionsscheinen reserviert hat. Daher muss nach deutschem Aktienrecht vor einer Emission das Grundkapital entsprechend aufgestockt werden. Der Beschluss über eine solche Kapitalerhöhung bedarf einer Dreiviertel-Mehrheit der Hauptversammlung.

Wichtig für die Beurteilung einer Optionsanleihe sind

- die Optionsfrist
- das Optionsverhältnis
- der Bezugskurs

Die *Optionsfrist* beschreibt die Zeitdauer, innerhalb derer die Umwandlung in Aktien durchgeführt werden kann. Im Normalfall ist sie mit der Laufzeit der Anleihe identisch.

Das *Optionsverhältnis* drückt aus, wie viele Aktien für einen Optionsschein bezogen werden können.

Der *Bezugskurs* (auch Optionspreis) ist der Kurswert, zu dem man die Aktie erwerben kann.

Die Optionsanleihe erwirbt man im Allgemeinen nicht, um sie möglichst bald in Aktien umzuwandeln, sondern um sie zu einem Zeitpunkt einzusetzen, zu dem der Kursverlauf möglichst positiv ist. Man kann damit eine Optionsanleihe als eine Aktienspekulation mit Netz bezeichnen.

✎ *Die Optionsanleihe ist ein Zwitter. Man versucht, die Vorteile von Aktie und Anleihe in einem Papier zu vereinigen.*

⇒ Optionsanleihe: s. Kap. 10, Was ist ein Optionsschein? S. 170

Welche Informationen über Optionsanleihen sind notwendig?

Die wichtigsten Informationen über Optionsanleihen findet man im Kurszettel der Tageszeitungen:

Überschrift: Optionsanleihen, F = Börsenplatz Frankfurt, Art des Handels (geregelter Markt, Freiverkehr)
Zins: in % auf die Anleihe
Name: Hinter dem Namen steht das Emissionsdatum und der Zusatz o. O. oder m.O. Daraus erkennt man, ob die Anleihe mit oder ohne Optionsschein gehandelt wird. Ohne Optionsschein bedeutet, dass dieser bereits abgetrennt ist und man also eine normale festverzinsliche Anleihe kauft.
Laufzeit: Jahr
Kurs: Tageskurs mit Kurszusätzen

✎ *Die wichtigsten Informationen über Optionsanleihen findet man im Kurszettel der Tageszeitungen.*

Was ist eine Wandelanleihe?

Die Wandelanleihe gehört zu den Industrieschuldverschreibungen, die – ebenso wie die Optionsanleihe – dem Inhaber neben der Festverzinsung ein Bezugsrecht auf die Aktien des Unternehmens einräumt. Im Gegensatz zu einer Optionsanleihe lebt die Wandelanleihe nach der Wandlung jedoch nicht weiter.

Die Wandelanleihe ist eine Mischform aus Anleihe und Aktie. Der Anleger hat die Wahl, die Anleihe bis zum Ende der Laufzeit zu halten oder sie während der Laufzeit zu den vereinbarten Konditionen in Aktien des betreffenden Unternehmens umzuwandeln.

Wandelanleihen kann man entweder als Neuemission kaufen oder über die Börse beziehen. Für Wandelanleihen gibt es einen notierten Börsenkurs.

Will man die Wandelanleihe halten, so erhält man die jährlichen Zinsen und bei Ablauf der Laufzeit der Anleihe den Nennbetrag.

Will man die Wandelanleihe in Aktien umwandeln, sind folgende Kriterien wichtig:

- Wandlungsverhältnis
- Zuzahlung
- Wandlungsfrist

Das *Wandlungsverhältnis* gibt an, für welchen Wandlungsnominalbetrag wie viele Aktien bezogen werden können. Ein Verhältnis 1 000:7 bedeutet beispielsweise, dass für 1 000 DM Anleihebetrag sieben Aktien »gewandelt« werden können.

Es kommt vor, dass der Anleger bei der Ausübung der Wandlung noch einen bestimmten Betrag zuzahlen muss.

Die *Zuzahlung* kann weiterhin zu verschiedenen Zeitpunkten unterschiedlich hoch sein.

Die *Wandlungsfrist* schließlich sagt aus, in welchem Zeitraum eine Wandlung möglich ist. Meistens endet sie mit Fälligkeit der Anleihe.

Die Wandelanleihe ist ein Zwitter. Man versucht, die Vorteile von Aktie und Anleihe in einem Papier zu vereinigen.

Welche Informationen über Wandelanleihen sind notwendig?

Die wichtigsten Informationen über Wandelanleihen findet man im Kurszettel der Tageszeitungen:

Überschrift: Wandelanleihen, F = Börsenplatz Frankfurt, Art des Handels (geregelter Markt, Freiverkehr)
Zins: in % auf die Anleihe
Name: Unter Name steht zunächst das Emissionshaus. In Klammern folgt das Unternehmen, dessen Aktien man wandeln kann. Eine Wandelanleihe kann von dem betreffenden Unternehmen auch direkt emittiert werden.
Laufzeit: Jahr
Kurs: Tageskurs mit Kurszusätzen

➪ *Die wichtigsten Informationen über Wandelanleihen findet man im Kurszettel der Tageszeitungen.*

9.
Professionell gemanagte Aktienanlage: Investmentfonds

Was ist ein Investmentfonds?

Geldanleger R hat sich bereits mit der Aktienanlage beschäftigt, dann aber darauf verzichtet. Er hat nämlich erkannt, dass man doch einige Zeit investieren muss, wenn man »richtig« in Aktien investieren will. Und er hat keine Zeit. Jeden Abend kommt er nach 20.00 Uhr nach Hause und hat dann keine Lust mehr, den Aktienteil der Zeitung zu lesen. Trotzdem möchte er sein Geld vernünftig anlegen. Welche Alternativen hat er? Ein Bekannter brachte ihn auf die Idee: Ein Investmentfonds wäre für ihn eine gute Alternative.

Was ist ein Investmentfonds? Man kann ihn am besten mit einem Topf vergleichen, in den viele Sparer ihre Gelder einlegen. Der Topf wird von Profis, den Fondsmanagern, verwaltet, die die Gelder in Aktien, Obligationen, Immobilien und anderen Wertpapieren anlegen. Aus vielen Kleinanlegern, Menschen, die mehr oder weniger Kapital in den Investmentfonds einbringen, wird ein Großinvestor, der natürlich viel bessere Möglichkeiten zur Risikostreuung hat als ein einzelner Kleinanleger. Vom Investmentfonds kann man eine durch professionelle Verwaltung selbst bei geringem Kapitaleinsatz überdurchschnittliche Rendite erwarten.

Unter Investmentfonds versteht man dabei den Topf, aus dem investiert wird.

Generell werden zwei Arten von Fonds unterschieden:

- Die *Wertpapierfonds*, bei denen das Kapital in Wertpapiere, z. B. Aktien, Anleihen und Geldmarktpapiere, investiert wird und
- die *Immobilienfonds*, bei denen das Kapital, wie bereits der Name besagt, in Immobilien fließt.

Fonds gehören heute zu jeder fundierten Anlagestrategie und daher wächst das von ihnen betreute Anlagevolumen in Deutschland stetig. Dennoch gehört die Bundesrepublik immer noch zu den Schlusslichtern im Fondsgeschäft. Die Bundesbürger haben nur sieben Prozent ihres Vermögens in Fonds angelegt, im Gegensatz beispielsweise zu den Amerikanern, die fünf Mal so viel in Fonds investiert haben.

Gebräuchlich sind in Deutschland vor allem Rentenfonds, das sind Fonds, die in Anleihen (= Renten) investiert haben. Sie stellen den größten Teil der mageren 7 %-Fondsanlage, während die Aktienfonds ein recht kümmerliches Dasein fristen. Dabei können langfristig orientierte Anleger bei Aktienfonds Jahr für Jahr 10 % Gewinn einstreichen.

Geldanleger R hat sich entschieden, in einen Aktienfonds zu investieren. Nun benötigt er Rat, um die Entscheidung zu treffen, welchen Aktienfonds er wählen soll. Es gibt in Deutschland mittlerweile an die 1 000 unterschiedliche Fonds. Wem also soll er sein Geld anvertrauen?

Investmentfonds sind eine Kapitalsammelstelle. Viele Kleinanleger zahlen Geld ein, das von Fondsmanagern wieder angelegt wird.

Wie kann man die Fondsarten systematisieren?

Wie wir bereits gesehen haben, kann man Fonds nach der Art der Anlage, in die investiert wird – Wertpapiere oder Immobilien –, unterscheiden.

Wertpapierfonds kann man unterteilen nach den Wertpapieren, in die investiert wird. Damit differenziert man in Renten- und Aktienfonds. Der Rentenfonds investiert in Rentenpapiere. Das ist ein etwas antiquierter Begriff für festverzinsliche Anleihen. Uns interessieren an dieser Stelle die Aktienfonds, die – wie der Name schon sagt – in Aktien investieren. Der Vollständigkeit halber sei noch auf Geldmarktfonds hingewiesen, die in Geldmarktpapiere – sie ähneln Festgeldern – investieren.

Auch die Aktienfonds lassen sich noch weiter untergliedern. Einige Kriterien sollen hier behandelt werden:

- Zugang
- Gewinnverwendung
- Anlageart
- Aktiengüte
- Branche
- Region

Der *Zugang* regelt, wann Fondsanteile gekauft werden können. *Offene Fonds* stehen neuen Investoren ständig offen, das heißt Anteile können jederzeit gekauft werden. Dagegen verkaufen geschlossene Fonds nur eine bestimmte Anzahl von Anteilen. Wenn diese verkauft sind, werden die Fonds geschlossen, das heißt Investoren können keine neuen Anteile mehr zeichnen. Die meisten Publikumsfonds sind offene Fonds.

Ein weiteres Kriterium ist die *Gewinnverwendung*. *Regelmäßig ausschüttende Fonds* schütten – wie der Name bereits sagt – ihren wirtschaftlichen Gewinn regelmäßig an ihre Anleger aus und ähneln dabei der traditionellen Geldanlage in Wertpapieren mit jährlichen Zins- oder Dividendenzahlungen. Natürlich kann man den Gewinnanteil sofort wieder anlegen. Dies geschieht aber nur auf ausdrücklichen Wunsch des Kunden. Bei den *thesaurierenden Fonds* wird der Gewinn automatisch einbehalten und wieder neu angelegt.

Aktienfonds lassen sich auch nach dem *Anlageort* unterteilen, das heißt, ob die Fonds an der deutschen Börse oder an internationalen Börsen anlegen.

Ein weiteres Kriterium ist die *Aktiengüte*. Sie gibt an, ob die Fonds in Standardwerte (DAX-Werte) oder in Nebenwerte investieren.

Auch die *Branche* spielt für den Anleger eine Rolle: Es gibt Fonds, die nur in bestimmten Branchen investieren, z. B. in »Gold«-Unternehmen (Bergbau, Verarbeitung), in Ökofirmen oder in Energieunternehmen.

Nach der *Region* unterscheidet man Länder- oder Regionalfonds, die in einzelne Länder oder Regionen investieren.

Ein Aktienfonds investiert überwiegend in Aktien. Er ist im Allgemeinen ein sogenannter offener Fonds.

Was ist ein Investmentzertifikat?

Den gesetzlichen Rahmen für Investmentfonds bildet das Gesetz über Kapitalanlagegesellschaften, KAGG, aus dem Jahr 1957. Besonders wichtig ist eine Novellierung aus dem Jahr 1990. In diesem Gesetz werden Fondsgesellschaften als Kapitalsammelstellen definiert und rechtlich den Banken gleichgestellt.

Das verwaltete Kapital, so bestimmt das Gesetz weiter, muss unter Einhaltung genau definierter Grundsätze der Risikostreuung angelegt werden. Die grundlegenden Merkmale der Geschäftspolitik, also die Spielregeln der Anlagepolitik, müssen im Verkaufsprospekt definiert sein. Darunter versteht man, ob der Fonds an der deutschen und/oder an ausländischen Börsen investiert, in einer bestimmten Branche und/oder in einer begrenzten geografischen Region.

Jeder Anleger eines Investmentfonds erhält einen Anteilschein. Dieser Anteilschein wird auch *Investmentzertifikat* genannt.

Wie bei Aktien werden heute kaum »echte« Zertifikate herausgegeben, sondern die Investmentgesellschaft, die auch die Verwaltung der Fonds wahrnimmt, gibt dem Anleger eine Bestätigung, aus der er

- den Namen des Fonds
- die Anzahl der Anteile und
- den Wert eines Anteils entnehmen kann.

Allerdings ist zu beachten, dass man bei den meisten Fonds nicht nur einen Anteil erwerben kann, sondern Anteile für eine Mindestsumme, die meist zwischen 3 000 DM und 10 000 DM liegt.

Wichtig ist zu wissen, dass die Fondsgesellschaften gesetzlich verpflichtet sind, die Anteile jederzeit zurückzunehmen.

R geht folgendermaßen vor. Zuerst lässt er sich von einigen Fonds, die ihn interessieren, die Verkaufsprospekte kommen und liest sie aufmerksam durch. Sie geben Auskunft darüber, wo der Fonds investiert, ob er beispielsweise nur an deutschen oder auch an internationalen Geschäften beteiligt ist oder ob er vielleicht nur Aktien einer Branche hält. Es gibt einen Fonds, so stellt R fest, der nur in Aktientitel von Unternehmen der Fahrradindustrie investiert. Dieser Fonds kauft auch Anteile an der Fahrradfabrik AG. Der Geldanleger R bezweifelt, dass die Fahrradbranche größere Gewinnaussichten hat als die gesamte Industrie und beschließt, nicht in diesen Fonds zu investieren. R weiß, dass er für sein investiertes Kapital Anteilscheine erhält, was nichts anderes als ein Buchungsbeleg ist. Und er weiß, dass er seine Anteile jederzeit wieder verkaufen kann.

 Das Investmentzertifikat dokumentiert den Anteil des Kapitalgebers am Gesamtkapital der Kapitalsammelstelle. Der Anteilschein kann jederzeit wieder eingelöst werden.

Wie erwirbt man ein Investmentzertifikat?

Wer ein Investmentzertifikat erwerben möchte, hat dazu mehrere Möglichkeiten.

Zunächst bietet sich natürlich der Kauf über die *Hausbank* an. Häufig werden aber von einer Bank nur die eigenen Produkte vertrieben, das heißt die eigenen Fonds. Diese werden von der Bank auch kostenlos verwaltet. Will man in einen anderen Fonds investieren, ist dies über die Hausbank nicht so einfach möglich.

In Deutschland gibt es mittlerweile auch einen *freien Vertrieb*, das heißt Berater, die dem Kunden eine unterschiedliche Palette an Fonds anbieten. Aus der großen Masse der Fonds wurde eine Auswahl getroffen, die dem Kunden offeriert wird. Die Berater sollen den Anleger zwar wertfrei informieren, da sie aber von den Provisionen leben, ist zu hinterfragen, inwiefern dies in der Praxis auch zutrifft.

Schließlich treten die *Fondsgesellschaften* auch direkt auf dem Markt auf. In Zeitungsanzeigen findet man entsprechende Angebote.

Am einfachsten ist es, man schreibt die Fondsgesellschaft an, die einen interessiert. Man erhält daraufhin Informationsmaterial und Zeichnungsunterlagen. Hat man sich für einen bestimmten Fonds entschieden, füllt man die Zeichnungsunterlagen aus und schickt sie an die Fondsgesellschaft zurück. Außerdem muss man noch eine Überweisung tätigen. Die Verwaltung durch eine Fondsgesellschaft ist kostenlos.

Bei den folgenden Verbänden kann man die Anschriften der Fondsgesellschaften erfragen:

Informationen über *deutsche Fonds* erhält man bei: Bundesverband Deutscher Investmentgesellschaften e. V., Eschenheimer Anlage 28, 60318 Frankfurt, Tel.: 069/1540900

Informationen über die wichtigsten *Auslandsfonds* erhält man bei: Verband der Auslands-Investmentgesellschaften, Warburgstr. 50, 20354 Hamburg

Als weitere Alternative bieten sich noch die ⇒ *Direktanlage-*

banken an. Sie bietet zwar keinen Service und keine Beratung, dafür aber verringert sich der Ausgabeaufschlag.

TIP: Investmentfonds werden in Deutschland von ausländischen und inländischen Investmentgesellschaften angeboten. Viele Fonds haben ihren Sitz in Luxemburg. Wichtig ist, dass die Gesellschaft eine Zulassung zum Vertrieb in Deutschland hat. Damit fällt sie unter das KAGG und muss den entsprechenden gesetzlichen Forderungen genügen. Man kann dies als Anleger leicht erkennen: Die Fondsgesellschaft ist für den Vertrieb in Deutschland zugelassen, wenn sie ihr Verrechnungskonto zur Einzahlung der Anteile in Deutschland führt. Das heißt umgekehrt: Man darf sich mit keiner Investmentgesellschaft einlassen, die eine Überweisung in ein anderes Land fordert.

R interessiert sich für deutsche Fonds. Er hat zunächst den Bundesverband Deutscher Investmentgesellschaften angeschrieben und viele Informationen erhalten. Dann hat er sich die ⇒ interessantesten Fonds ausgesucht und sich von diesen Gesellschaften direkt weiteres Material zusenden lassen. Nun arbeitet er diese Unterlagen durch. Er hat sich bereits entschlossen, seine Anteile direkt von der Fondsgesellschaft zu beziehen.

☞ **Es gibt mehrere Möglichkeiten, Anteile an einem Fonds zu erwerben. Entweder man schaltet eine Bank (auch einen Discount Broker) oder einen Berater ein oder aber man nimmt direkt Kontakt mit der Fondsgesellschaft auf.**

⇒ Direktbank: s. Kap. 4, Wer hilft beim Aktiengeschäft? S. 71
⇒ interessante Fonds: s. Kap. 9, Wie könnte eine Strategie mit Fonds lauten? S. 165

Was kostet das Engagement in einem Fonds?

Wie wir gesehen haben, bieten Investmentfonds für Kleinanleger viele Vorteile, aber es entstehen ihnen auch Kosten. Welche Kosten das sind und welche Höhe man einkalkulieren muss, wird in diesem Kapitel aufgezeigt.

Da ist zunächst einmal das Investmentzertifikat, für dessen Erwerb der Anleger einen Ausgabeaufschlag bezahlen muss. Dieser Ausgabeaufschlag ist die Differenz zwischen Ausgabe- und Rücknahmepreis, wobei der Rücknahmepreis den tatsächlichen Wert des Fondsanteils darstellt. Er wird börsentäglich neu berechnet. Addiert mit dem Ausgabeaufschlag, der bei Aktienfonds 4 % bis 6 % beträgt, erhält man den Ausgabepreis.

Es gibt auch Fonds ohne Ausgabeaufschlag, die als No-Load-Funds bezeichnet werden.

Kosten für den Verkauf fallen bei den meisten Fonds in Deutschland nicht an. Jedoch kann es auch hier (besonders bei amerikanisch beeinflussten Fonds) einen Abschlag geben. Er liegt z. B. bei den Fonds der Investmentgruppe Fleming bei 1 %.

Die *Kosten für die Verwaltung* von Fonds bestehen im Wesentlichen aus drei Kostenblöcken: den Verwaltungskosten, der Vergütung für die Depotbank und den Transaktionskosten. Zusammen betragen sie circa 1 %. Den genauen Wert, der von Fonds zu Fonds variiert, kann man dem Verkaufsprospekt entnehmen. Diese Kosten registriert der Anleger aber gar nicht richtig, da sie mit den Anteilen (Anteilswert) verrechnet werden. Bei ausschüttenden Fonds werden die Kosten mit dem Gewinn verrechnet.

Die *Kontoführung* erfolgt durch die Investmentgesellschaft kostenlos. Lässt man die Fondsanteile bei einer Bank verwalten, so verlangt diese für fremde Fonds nochmals einen Verwaltungskostenanteil (wie bei Aktien und Wertpapieren). Eine Verwaltung bei einer Bank ist aber nicht notwendig.

Der Preis für den Erwerb, den Verkauf und die Verwaltung von Investmentanteilen ist also in der Summe recht hoch. Da diese Kosten erst durch Gewinne wieder verdient werden müssen, um ein insgesamt positives Ergebnis zu erzielen, ist die Beteiligung an Investmentfonds als eine langfristige Anlage zu sehen. Für Anleger, die einen Aktienfonds schnell wieder verkaufen oder tauschen wollen, bieten sich die No-Load-Funds und die Umbrellafonds an.

TIP: Kauft man Investmentfonds über ⇒ Direktbanken oder Discount Broker, kann sich der Ausgabeaufschlag verringern. Die Banken geben darauf Diskont in unterschiedlicher Höhe. Es bietet sich an, nachzufragen, welche Fonds im Angebot vertreten sind.

Aus den Verkaufsprospekten kann R genau ablesen, wie viel die Fonds kosten. Er legt sich hierzu eine Liste an. Anschließend überprüft er, ob er bei Direktbanken auf die ausgesuchten Fonds einen Rabatt erhält. So liegen ihm bereits Unterlagen für ein Kriterium der Anlageentscheidung vor: die Kosten. Später muss er natürlich noch die Gewinnerwartung überprüfen.

Das Engagement in einem Investmentfonds ist zunächst relativ teuer (Ausgabeaufschlag und laufende Kosten). Daher sollte das Investment in einem Fonds langfristig angelegt sein. Auch Profis benötigen einige Zeit, bis sie diese Kosten erwirtschaften.

⇒ Direktbank: s. Kap. 4, Wer hilft beim Aktiengeschäft? S. 71

Es gibt auch fast »kostenlose« Fonds

Im vorherigen Kapitel haben wir gesehen, dass das Engagement in einem Fonds beträchtliche Kosten verursachen kann. Gibt es also eine kostengünstigere Alternative? Und sind die »kostenlosen Fonds« auch wirklich kostenlos?

No-Load-Funds werden als kostenlose Fonds bezeichnet. Darunter versteht man einen Investmentfonds, der weder Aus-

gabeaufschlag noch Rücknahmeabschlag kennt, das heißt Rücknahmepreis und Ausgabepreis sind identisch.
Aber: So ganz kostenlos sind diese Fonds auch nicht. In den meisten Fällen sind die Verwaltungsgebühren höher als bei »loaded funds«, das heißt Fonds mit Ausgabeaufschlag. Deshalb sollte sich jeder Anleger im Einzelfall genau überlegen, ob ein No-Load-Fund auch wirklich billiger ist.

Beispiel:
DWS Deutsche Aktien Typ 0: Die als Typ 0 gekennzeichneten Fonds haben keinen Ausgabeaufschlag. Dafür beträgt die Festvergütung für die Verwaltung 1,25 % p.a. Außerdem erhält die Verwaltungsgesellschaft eine erfolgsbezogene Vergütung. Um sie zu ermitteln, wird der Betrag errechnet, um den die Entwicklung des Fonds die Wertentwicklung des entsprechenden Vergleichsindex (in diesem Fall der DAX) übersteigt, und davon eine feste Vergütung subtrahiert. Die erfolgsbezogene Vergütung kann bis zu 25 % dieser Summe betragen.

TIP: No-Load-Funds eignen sich dann, wenn man kurzfristig die Fondsanteile wieder verkaufen will. Hält man Anteile an einem Investmentfonds länger als zwei oder drei Jahre, ist man mit einem Fonds mit Ausgabeaufschlag besser (weil kostengünstiger) bedient.

No-Load-Funds haben keinen Ausgabeaufschlag. Sie eignen sich für Anleger, die sich nur kurzfristig in Fonds engagieren wollen.

Was sind Länderfonds, was sind Umbrellafonds?

Länderfonds sind eine Sonderform des Investmentfonds. Sie investieren nur in Titel eines bestimmten Landes und sind damit in ihrer Anlagepolitik begrenzt. Das bedeutet erhöhtes Risiko, aber auch hohe Ergebnischancen. Länderfonds eignen sich insbesondere für Anleger, die sich in Auslandsaktien (insbesondere Aktien ganz bestimmter Länder) engagieren wollen, für die der direkte Kauf von Wertpapieren jedoch umständlich und teuer ist.

Umbrellafonds wurden 1984 aufgrund der Steuergesetzgebung in Großbritannien erfunden und setzten sich am Markt sehr bald erfolgreich durch. Man versteht unter dieser Konstruktion einen übergeordneten (Schirm)Fonds mit einer Vielzahl von Unterfonds. Innerhalb dieser Fondsfamilie kann der Investor von einem Fonds zum anderen wechseln, ohne einen erneuten Ausgabezuschlag entrichten zu müssen. Die Fondsgesellschaften verlangen für das Switchen, wie der Wechsel in der Fachsprache genannt wird, eine Gebühr zwischen 0,5 und 1 % des bewegten Betrages. Umbrellafonds umfassen meistens Länderfonds, aber auch Renten- und Geldmarktfonds. So kann jeder Anleger je nach der Marktentwicklung zwischen verschiedenen Länderfonds wechseln, aber er hat auch die Möglichkeit, sich in verschiedenen Fondstypen zu engagieren. Die Rendite kann bei Umbrellafonds wesentlich höher sein als bei Einzelfonds, vorausgesetzt man wechselt rechtzeitig. Voraussetzung für einen Erfolg in Umbrellafonds ist allerdings, dass man die wirtschaftliche Entwicklung der Regionen, die der Anlagenpolitik zugrunde liegen, genau und konsequent verfolgt und entsprechend reagiert.

Fidelity und Fleming bieten beispielsweise eine ganze Reihe von Länderfonds, aber auch Renten- und Geldmarktfonds an, zwischen denen man sein Kapital unter verhältnismäßig günstigen Bedingungen (1 % Kosten) umschichten kann.

Der Umbrellafonds ist für den Anleger H optimal. Er beschäftigt sich gerne mit Aktien und möchte auch international agieren. Aber er scheut sich, ausländische Aktien direkt zu kaufen. Zum einen weiß er nicht, wie er das bewerkstelligen soll, zum anderen verfügt er auch nicht über die ausreichenden Informationen der entsprechenden Unternehmen. So setzt er voll auf das Können von professionellen Fondsmanagern. Er hat unter einem Umbrellafonds in diverse Länderfonds (Hongkong, China, Thailand, Malaysia) investiert und ist damit gut gefahren. Im Jahr 1994 erwirtschaftete er einen durchschnittlichen Wertzuwachs von 85%. 1995 verlor er davon allerdings wieder einiges. Als Konsequenz aus diesem Verlust hat er aber schnell umdisponiert und nun in neue Länderfonds (Deutschland, Europa, Skandinavien) investiert.

> **Verschiedene Länderfonds (und Renten- sowie Geldmarktfonds) sind in einem Umbrellafonds zusammengefasst. Innerhalb dieser Fondsfamilie kann man das angelegte Kapital relativ leicht umschichten.**

Sparpläne und Auszahlungspläne

Um in einen Investmentfonds einzusteigen, benötigt man meist nicht mehr als 3 000 DM. Manche Fonds setzen aber auch Mindestsummen von 10 000 DM voraus. Was tun, wenn man so viel Geld nicht hat? Viele Investmentfonds bieten ihren Anlegern *Sparpläne* oder *Ratensparverträge* an, bei denen der Sparer regelmäßig investiert. Er zahlt also jeden Monat einen bestimmten Betrag ein. Schon ab 100 DM monatlich kann man einsteigen. Da der Betrag laufend verzinst wird, vergrößert sich das Vermögen überproportional. Für einen Sparplan eignen sich individuelle Sparverträge mit Banken und insbesondere Investmentfonds.

Ein Vorteil von Sparplänen bei Investmentfonds ist der *Cost-Average-Effekt*. Was versteht man darunter? Da der Sparer monatlich für den gleichen Betrag Investmentzertifikate kauft, erhält er für den gleichen Betrag bei hohen Kursen weniger, bei niedrigeren Kursen mehr Anteile. Über eine gewisse Zeitdauer kann man mit einem solchen kontinuierlichen Vorgehen eine bessere Performance erwirtschaften, als wenn man jeweils die gleiche Anzahl von Anteilen kauft.

Dies liegt am antizyklischen Vorgehen des Anlegers. In Baissezeiten kauft er mehr Anteile als in Haussezeiten, so dass der durchschnittliche Einstandspreis niedriger ausfällt als bei einer einmaligen oder regelmäßigen Anlage einer stets festen Anzahl von Anteilen.

Der Anleger H hat ein monatliches Gehalt von 5 000 DM. Er hat sich ausgerechnet, dass er monatlich durchaus 200 DM sparen könnte. Dennoch bleibt ihm am Monatsende nichts übrig, weil es immer einige Wünsche gibt, die er sich dann gerne erfüllt. Daher hat er sich entschlossen, einen Sparvertrag abzuschließen. Er geht jedoch nicht zu einer Bank, um einen traditionellen Ratensparvertrag abzuschließen, sondern unterschreibt einen Sparvertrag bei einer Fondsgesellschaft. Nun werden monatlich 200 DM von seinem Girokonto abgebucht und für diesen Betrag Anteile eines deutschen Aktienfonds gekauft. Der Betrag ist jeden Monat gleich, die Anzahl der Anteile wechselt natürlich, weil sie vom jeweiligen Kurs des Fonds abhängen. In einem Vergleich von verschiedenen Sparmodellen hat er gelesen, dass der 200 DM-Monatsbetrag bei diesem deutschen Aktienfonds nach zehn Jahren ein Kapital von 39 307 DM erbracht hatte. Das ist zwar eine Angabe aus der Vergangenheit, aber er hofft, dass die Zukunft ähnliche Entwicklungen aufzeigen wird.

Mit der staatlichen Sparförderung lässt sich eine Sonderform des Sparplans verwirklichen. Grundlage ist die Arbeitnehmer-Sparzulage, die das Finanzamt für ausgewählte Anlageformen in Höhe von 10 % gewährt. Begünstigt sind jedoch nur Anlagen bis zu einem Höchstbetrag von 936 DM jährlich.

Bedingungen für diesen Zuschuss sind:

- Es muss ein Arbeitsverhältnis bestehen. Nur Arbeitnehmer bzw. Beamte können die Arbeitnehmer-Sparzulage erhalten.
- Im Jahr der Gewährung von vermögenswirksamen Leistungen darf das zu versteuernde Einkommen des Arbeitnehmers

nicht mehr als 27 000 DM, bei Verheirateten nicht mehr als 54 000 DM betragen.
- Die vermögenswirksame Leistung muss für einen bestimmten Zeitraum festgelegt werden, der je nach Anlageform sechs bis sieben Jahre beträgt.
- Es werden nur bestimmte Anlagearten gefördert. Dazu gehört der Kauf von Aktien und der Kauf von Anteilen eines Aktienfonds. Bedingung ist jedoch, dass der Aktienfonds mindestens 70 % in Aktienwerten investiert hat und dass er zum Vertrieb in Deutschland zugelassen ist.

TIP: Es gibt Aktienfonds, die sich genau auf diese Anlageart spezialisiert haben. ⇒ Informationen hierzu erhält man von den Verbänden.

Umgekehrt zu den Sparplänen, wo Monat für Monat ein Betrag einbezahlt wird, kann bei den *Auszahlungsplänen* jeden Monat ein fester Betrag entnommen werden. Deshalb spricht man bei Auszahlungsplänen auch häufig von »zweiter Rente« oder »Zusatzrente«.

Es gibt vielfältige Auszahlungspläne. Sie lassen sich besonders gut mit Fonds kombinieren. Aufgrund der geringen Wertschwankung eignen sich zwar Renten- und Immobilienfonds besonders gut, aber auch Aktienfonds sind denkbar.

Bei der *Kapitalverrentung* wird die Höhe der regelmäßigen Entnahmen so bemessen, dass während der angestrebten Laufzeit das angelegte Vermögen verringert wird, bis es eines Tages ganz aufgebraucht ist.

Bei der *Kapitalerhaltung* orientiert sich die Höhe der regelmäßigen Entnahmen an den jährlichen Erträgen. Nur die Zinsen werden entnommen, das Vermögen bleibt dadurch erhalten.

Die Wirksamkeit von Entnahmeplänen, das heißt wie viel Geld der Sparer monatlich entnehmen kann, ist natürlich von der Höhe des eingesetzten Vermögens abhängig. Daraus kann man die Frage ableiten: Wie viel Vermögen benötigt man, um eine gewisse monatliche Zahlung zu erhalten? Oder umgekehrt: Wie viel monatliche Zahlung kann ich bei einem be-

Entnahmeplan mit Kapitalverzehr
Angelegtes Vermögen: 50000 DM

Bei einer Laufzeit in ... Jahren	... können monatlich bei einer angenommenen durchschnittlichen Verzinsung entnommen werden:			
	6%	7%	8%	9%
10	551	575	599	624
11	514	538	563	588
12	484	508	533	559
13	458	483	509	534
14	436	462	488	514
15	418	443	470	496
16	401	427	454	481
17	387	414	441	468
18	375	401	429	457
19	363	391	419	447
20	354	381	409	438
21	345	373	401	431
22	337	365	394	424
23	330	358	388	418
24	323	352	382	412
25	317	346	377	407

stimmten Betrag erwarten? Die Beispielrechnungen zeigen, welche monatlichen Raten bei welchem Vermögen zu erwarten sind.

Auszahlungspläne lassen sich mit Fonds besonders flexibel gestalten. Man kann beispielsweise regelmäßige Zahlungen vereinbaren, diese Systematik aber je nach Bedarf durchbrechen, um etwa einen Urlaub zusätzlich zu finanzieren. Ebenso kann man den Auszahlungsbetrag individuell verändern, wobei man natürlich nicht außer Acht lassen darf, dass sich dies auch auf den Vermögensbestand auswirkt. Bei höheren monatlichen Auszahlungen ist das Vermögen eben früher aufgebraucht. Dann hat man noch die Möglichkeit, auf Börsenentwicklungen flexibel zu reagieren, das heißt je nach Wirtschaftslage mehr oder weniger Geld in Anspruch zu nehmen.

Entnahmeplan mit Kapitalerhaltung

Bei einem Vermögen von DM ...	...beträgt die maximale monatliche Entnahme bei einer angenommenen durchschnittlichen Verzinsung von			
	6%	7%	8%	9%
30 000	146	170	193	216
40 000	195	226	257	288
50 000	243	283	322	360
60 000	292	339	386	432
70 000	341	396	450	504
80 000	389	452	514	576
90 000	438	509	579	648
100 000	487	565	643	720
150 000	730	848	965	1080
200 000	973	1130	1286	1441
250 000	1217	1413	1608	1801
300 000	1460	1696	1929	2161
350 000	1703	1978	2251	2521
400 000	1946	2261	2572	2881
450 000	2190	2543	2894	3241
500 000	2433	2826	3215	3601

Und die Handhabung von Auszahlungsplänen ist überzeugend einfach. Man profitiert vom professionellen Fondsmanagement, ohne sich selbst anstrengen zu müssen.

Der Sparer V hat ein Vermögen von 50 000 DM in einem Aktienfonds deponiert. Geht er nun von einer durchschnittlichen Verzinsung von 7% im Jahr aus, kann er monatlich 283 DM entnehmen, ohne dass das Kapital verbraucht wird. Er kann aber auch das Kapital mit einbeziehen und es ebenfalls verbrauchen. Dann kann er im Monat 443 DM entnehmen. Das Vermögen von 50 000 DM ist dann nach 15 Jahren aufgebraucht.

✋ Über Sparpläne kann man sich ein Vermögen ansparen. Wichtig ist die regelmäßige Spartätigkeit. Bei den Auszahlungsplä-

nen wird im Gegenteil Geld entnommen. Sie verringern das Vermögen und dienen dem Verbrauch (z. B. im Alter). Sparpläne und Auszahlungspläne lassen sich besonders gut mit Investmentfonds gestalten.

⇒ Zertifikat: s. Kap. 9, Wie erwirbt man ein Investmentzertifikat? S. 153

Welche Informationen bietet die Presse?

Natürlich wird auch über Investmentfonds in der Tagespresse berichtet. Die tägliche Kursentwicklung entnimmt man am besten dem Wirtschaftsteil der Tageszeitung. Der Aufbau des Kurszettels von Fonds ist in den einzelnen Zeitungen sehr unterschiedlich. Wichtig sind zunächst die folgenden Informationen:

Gesellschaft: Name der Investmentgesellschaft
Titel: Namen der Fonds
Kurse: Aufgeführt wird der Ausgabe- und Rücknahmepreis des Vortages. In manchen Kurszetteln wird auch noch der Rücknahmepreis des Vorvortages angegeben. Will man einen Fondsanteil kaufen, orientiert man sich am Ausgabepreis, will man die Wertentwicklung eines Fonds verfolgen, orientiert man sich am jeweiligen Rücknahmepreis.
Zwischengewinn: Die Höhe des Zinsgewinns, der bei einem Verkauf des Fonds steuerpflichtig ist.

Diese Informationen dienen der täglichen Überprüfung der Kursentwicklung. Um sich über die Performance und Rendite eines Fonds ausführlicher zu informieren, greift man besser zu Wirtschaftsmagazinen.

Der Aufbau der Berichte ist ähnlich:

Überschrift: Welche Fonds? Zum Beispiel: Branchen- und Themenfonds

Rang	Fonds	#= Auslands-fonds	Rücknahme-preis 22.11.96	Wertzuwachs 1.1.96– 22.11.96	Wertzuwachs 5 Jahre per 10/96	Ausg.-auf-schlag	WKN Wertpapier-kennummer
	Branchen- und Themenfonds[1]						
1	Orbitex Nat. Resources	#	16,92 Can$	50,0 %	95,1 %	5,93	971239
2	DWS Energiefonds		125,46 DM	31,5 %	30,2 %	4	847413
3	Credis EF Gold Mines B	#	309,22 $	29,5 %	35,2 %	5	974273
4	Energie Valor	#	173,71 Sfr	27,7 %	49,4 %	4	970297
5	GT Healthcare A	#	36,94 $	26,9 %	189,0 %	5	973547
6	DIT-Technologiefonds		131,42 DM	26,0 %	68,3 %	3	847512
7	Aditec		104,29 DM	25,2 %	12,2 %	5	847110
8	GT Technology Fund A	#	108,67 $	24,2 %	93,0 %	5	972459
9	Oppenheim Spezial II		89,77 DM	23,9 %	–	5	848591
10	Focus GT Umwelttechnol.		91,28 DM	22,9 %	-11,5 %	4,5	847047

Abbildung 14: Darstellung der Performance bestimmter Fonds in »Finanzen«

Name: Aus dem Namen des Fonds ist meistens auch die Fondsgesellschaft erkenntlich
Rücknahmepreis: bei Fonds in Fremdwährung auch die entsprechende Währung
Wertzuwachs: im Laufe des Jahres, innerhalb von fünf Jahren
Ausgabeaufschlag in %
Wertpapierkennnummer

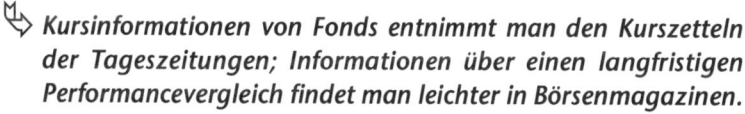

Kursinformationen von Fonds entnimmt man den Kurszetteln der Tageszeitungen; Informationen über einen langfristigen Performancevergleich findet man leichter in Börsenmagazinen.

Wie könnte eine Strategie mit Fonds lauten?

Der Anleger, der in einem Investmentfonds investiert hat, hat es leichter als derjenige, der sich selbst an der Börse engagiert, denn er erhält professionelle Unterstützung. Um die Strategie des Aktienkaufes und -verkaufes des Fonds kümmert sich der

Fondsmanager und der Anleger ist von dieser wichtigen Aufgabe entlastet und hat auch keinen Einfluss darauf.

Fonds sind also für die Anleger empfehlenswert, die den Aktienmarkt nicht in ausreichendem Umfang beobachten wollen oder können.

Dennoch bleibt die Frage für den künftigen Anleger, in welchen Fonds er investieren will.

Diese Entscheidung lässt sich in mehrere Stufen einteilen:

1. Entscheidung

Da es, wie wir bereits gesehen haben, viele verschiedene Arten von Fonds gibt, muss der Anleger sich den aussuchen, in dessen Werte er das größte Vertrauen setzt. Er hat die Wahl zwischen einem

- Aktienfonds, der in deutsche Aktienwerte investiert
- Aktienfonds, der in internationale Aktienwerte investiert
- Aktienfonds, der in ⇒ Blue Chips, Standardwerte investiert
- Aktienfonds, der in Nebenwerten investiert
- Aktienfonds, der nur in Indexwerte investiert (z. B. nur in DAX-Werte)
- Aktienfonds, der in bestimmten Regionen, bestimmten Ländern investiert
- Aktienfonds, der in Entwicklungsländer und Schwellenländer investiert (Emerging-Market-Fonds)
- Aktienfonds, der in Aktienwerte bestimmter Branchen investiert (Telekommunikation, Hochtechnologie-Werte, Rohstoff- und Energiewerte, Edelmetall- und Minenwerte, Health-Care-Fonds)
- Wandelanleihen-Fonds
- Optionsanleihen-Fonds
- Optionsschein-Fonds und
- Gemischten Fonds, der sowohl in Aktienwerte wie auch in Anleihen investiert

Der Anleger M möchte die Hälfte seines Kapitals in einen Aktienfonds mit deutschen Standardwerten investieren. Damit geht er auf Nummer sicher. Er will an der Entwicklung des

DAX partizipieren. 25 % seines Kapitals will er in einen Aktienfonds mit ausländischen Nebenwerten investieren, wobei die Anlageregion nicht auf ein spezifisches Land begrenzt sein sollte. Er ist sich dabei bewusst, mit dieser Entscheidung ein gewisses Risiko einzugehen, aber er erhofft sich dafür auch eine höhere Rendite. Die letzten 25 % will er in einen Branchenfonds investieren. Er hat sich die Telekommunikationsbranche ausgesucht, da er davon ausgeht, dass sie in den nächsten Jahren besser abschneiden wird als alle anderen Branchen.

Der Anleger H geht ganz anders vor. Er glaubt, dass die wichtigste Region nach wie vor der Ferne Osten ist. Aus diesem Grund beschließt er, nur in Fonds zu investieren, die in dieser Region anlegen. Er weiß aber sehr wohl, dass er damit ein gewisses Risiko eingeht. Es kann durchaus möglich sein, dass sich die Wirtschaft nicht so entwickelt, wie er dies gegenwärtig annimmt. Dann muss er schnell aussteigen oder in einen anderen Fonds umsteigen können. Aus diesem Grund entscheidet er sich für einen Umbrellafonds, der mehrere unterschiedliche Länderfonds unter seinem »Schirm« vereinigt.

2. Entscheidung

Hat man sich für die Fondsart entschieden, kann man nun die Rendite als weiteren Vergleichsmaßstab heranziehen. In jeder Fondsart gibt es noch unterschiedliche Einzelfonds. Selbstverständlich versucht man den Fonds auszuwählen, der in der Vergangenheit am besten abgeschnitten hat.

Die Rendite bestimmt sich aus der Differenz zwischen Kauf (Ausgabepreis) und Verkauf (Rücknahmepreis) unter Berücksichtigung eventueller Ausschüttungen und Sonderkosten. Um die Rendite von Fonds beurteilen zu können, muss man sich in die Ergebnisvergleiche einarbeiten, die von allen Wirtschaftszeitungen in unregelmäßigen Abständen publiziert werden. Dabei sollte man nicht nur den kurzfristigen Vergleich (ein Monat bis ein Jahr), sondern auch den langfristigen Vergleich (fünf Jahre und zehn Jahre) betrachten.

Diese Informationen findet man regelmäßig in Börsenmagazinen.

Der Anleger M hat sich aus Zeitschriften eine Hitliste von Aktienfonds in den von ihm gewählten Kategorien aufgestellt. Die Entscheidung bei deutschen Standardwerten fiel ihm leicht. Hier konnte man ganz gut die besten Aktienfonds auswählen. Größere Schwierigkeiten stellte er bei internationalen Nebenwerten fest. Er konnte keine signifikanten Unterschiede zwischen internationalen Nebenwerten und Standardwerten erkennen, so dass er sein Kriterium veränderte: internationale Werte. Hier gelang es ihm nach kurzer Zeit, die besten Titel auszuwählen. Bei den Branchenfonds stellte er fest, dass die Energiefonds in der Vergangenheit die besten Ergebnisse erzielt haben. Ein Vergleich mit Telekommunikationsfonds war nicht möglich, da diese erst relativ neu auf dem Markt sind. Dadurch ist kein Renditevergleich möglich. Dennoch bleibt er bei seiner Entscheidung, in diese Branche zu investieren. Er hat drei Fonds zur Auswahl, zwischen denen er allerdings noch keine Entscheidung getroffen hat.

Der Anleger H hat sich über die angebotenen Umbrellafonds informiert, wobei er zunächst drei Fondsfamilien auswählte, die eine besonders große Auswahl an Länderfonds bieten. Wichtig war für ihn, dass er auch in einen Rentenfonds und in einen Geldmarktfonds wechseln kann, um dort u. U. einen gewissen Geldbetrag zu parken. Dann verglich er die Rendite der einzelnen Länderfonds aus den jeweiligen Fondsfamilien miteinander und wählte die Fondsfamilie aus, die mehrheitlich die beste Rendite erwirtschaftet hatte. Innerhalb dieses Umbrellafonds entschied er sich für die Länderfonds China, Malaysia und Singapur. Sie hatten im Drei-Jahres-Vergleich besonders gut abgeschnitten.

3. Entscheidung
Stehen immer noch mehrere Fonds zur Auswahl, kann man die Randbedingungen als Entscheidungskriterium heranziehen.

Hierzu gehört der einfache Zugang (z. B. ob es möglich ist, mit der Fondsgesellschaft online zu verkehren) und die Kosten (Welcher Fonds hat den niedrigsten Ausgabeaufschlag?).

👉 *Es macht viel Sinn, über die unterschiedlichen Fonds nachzudenken. Die Wahl des »richtigen« Fonds muss sich an den eigenen Zielen ausrichten.*

⇒ Blue Chip: s. Kap. 2, Die verschiedenen Handelsarten, S. 51

10.
Spekulieren mit Aktien: Optionsscheine auf Aktien

Was ist ein Optionsschein?

Zunächst einmal: Was ist eine Option?

> Eine Option ist ein zeitlich begrenztes Recht, ein vom Vertragspartner festgelegtes Kauf- oder Verkaufsangebot wahrzunehmen oder abzulehnen.

Erst mit Gründung der Deutschen Terminbörse wurde in Deutschland ein Optionshandel möglich. Das Optionsgeschäft hat in Deutschland aus historischen Gründen einen nicht gerade guten Ruf, während es in den angelsächsischen Ländern bereits zum allgemeinen Bestandteil des Börsengeschehens zählt. Auch in Deutschland setzen immer mehr professionelle Vermögensverwalter Optionsgeschäfte zur Risikoabsicherung ein.

Im Gegensatz zu Optionen handelt es sich bei *Optionsscheinen* um beurkundete Wertpapiere, die an der Börse gehandelt werden. Sie verbriefen dem Inhaber das Recht, ein bestimmtes Basisobjekt während einer bestimmten Frist, in einem bestimmten Verhältnis und zu einem bestimmten Preis zu kaufen oder zu verkaufen.

Die *Basisobjekte* von Optionsscheinen können Aktien, Anleihen, Indizes (z. B. DAX), Waren oder Währungen sein. Uns interessieren nur Optionsscheine, die als Basisobjekt Aktien haben. Man spricht in diesem Zusammenhang von Optionsscheinen auf Aktien.

Während Aktien im Allgemeinen keine bestimmte Laufzeit haben, werden Optionsscheine durch eine *Frist* bestimmt, innerhalb derer die Option ausgeübt werden muss. Damit vergrößert sich gegenüber Aktien das Risiko. Sinkt der Kurs von Aktien, so kann man als Anleger ruhig bleiben. Man kann die Baisse aussitzen, also warten bis sich der Kurs wieder erholt hat. Das kann man bei Optionsscheinen nicht, da man die Option innerhalb der Frist ausüben muss. Je kürzer die Restlaufzeit einer Option ist, desto risikoreicher wird das Geschäft.

Das *Optionsverhältnis* gibt die Zahl der Optionsrechte pro Optionsschein an oder anders ausgedrückt: Es bestimmt die Anzahl der Aktien, die gekauft oder verkauft werden können. Ein Optionsverhältnis 1:1 bedeutet, dass mit diesem Optionsschein ein Optionsrecht verbunden ist, also eine Aktie gekauft oder verkauft werden kann. Ein Optionsverhältnis 1:6 bedeutet entsprechend, dass ein Optionsschein zum Bezug (oder Verkauf) von sechs Aktien berechtigt.

Unter dem *Basispreis* versteht man schließlich den Preis, zu dem der Inhaber des Optionsscheins das Basisobjekt (die Aktie) kaufen oder verkaufen kann.

Auf dem Markt gibt es einen Optionsschein auf Aktien der Fahrradfabrik AG. Er ist folgendermaßen ausgestattet: Innerhalb eines halben Jahres kann für einen Optionsschein eine Aktie der Fahrradfabrik AG (gegenwärtiger Kurs 90 DM) zum Preis von 70 DM erstanden werden. Den Optionsschein kann man über die Börse erstehen. Er kostet zur Zeit 15 DM. Der Käufer muss sich nun die Frage stellen, wohin bewegt sich der Kurs der Fahrradfabrik AG. Bei jedem Kurs über 85 DM kann der Käufer einen Gewinn einstreichen.

☞ Ein Optionsschein auf Aktien hat als Basisobjekt eine Aktie. Wichtig ist weiterhin das Bezugsverhältnis, der Bezugspreis und die Bezugsfrist.

Was sind Calls und Puts?

Beim Kauf von Optionsscheinen erwirbt der Käufer eines Optionsscheins das Recht, innerhalb einer bestimmten Frist eine bestimmte Menge von bestimmten Aktien vom »Gegenspieler« zu kaufen, deren Preis schon festgelegt wurde. In diesem Fall spricht man vom Kauf einer Kaufoption oder eines »call«. Auch das Gegenteil ist möglich: Man kann einen Optionsschein erwerben, mit dem man Aktien verkaufen kann. Dann spricht man von einer Verkaufsoption oder einem »put«.

Der Geschäftspartner wird manchmal als Stillhalter bezeichnet. Dieser Begriff ist üblich im Optionsgeschäft und Terminhandel.

Auf dem deutschen Markt sind die Calls (Kaufoptionen) häufiger als die Puts (Verkaufsoptionen). Die erste Verkaufsoption wurde übrigens in Deutschland vom Bankhaus Trinkaus & Burkhardt 1989 herausgegeben.

Bei dem beschriebenen Optionsschein auf Aktien der Fahrradfabrik AG handelt es sich um einen Call-Optionsschein. Innerhalb eines halben Jahres kann für einen Optionsschein eine Aktie der Fahrradfabrik AG (gegenwärtiger Kurs 90 DM) zum Preis von 70 DM gekauft werden. Ein Put-Optionsschein würde analog lauten: Innerhalb eines halben Jahres kann der Inhaber des Optionsscheins dem Emittenten eine Aktie der Fahrradfabrik AG zu einem Preis von 70 DM verkaufen. Der Optionsschein kostet an der Börse 5 DM. Der Besitzer des Optionsscheines macht ein Geschäft, wenn der Kurs der Aktie unter 65 DM fällt. Dann erst kann er sich selbst billiger mit Aktien eindecken, als er sie verkaufen »muss«.

Noch eine Klärung: »Warrant« ist die englische Bezeichnung für Optionsschein. Die beiden Begriffe werden im gleichen Sinne benutzt.

✍ *Bei Optionsscheinen kann es sich um Kaufoptionen (Calls) oder Verkaufsoptionen (Puts) handeln.*

Wer emittiert Optionsscheine?

Für Anleger, die nun für sich in den Optionsscheinen eine gute Möglichkeit der Geldanlage sehen, stellt sich die Frage: Wer gibt die Optionsscheine aus und wo kann ich sie kaufen?

Am bekanntesten ist die Emission von Optionsscheinen über die ⇒ Optionsanleihe. Dieser Weg ist für eine Aktiengesellschaft deshalb so interessant, weil eine Optionsanleihe mit einer niedrigeren Verzinsung ausgestattet ist als andere vergleichbare festverzinsliche Wertpapiere. Sobald Optionsanleihe und Optionsschein getrennt werden, beginnt für den Optionsschein das Eigenleben. Er wird an der Börse als eigenständiges Wertpapier gehandelt.

Eine andere Art der Emission von Optionsscheinen stellen die »covered warrants« dar. Bei den Emittenten handelt es sich in den meisten Fällen um ein Bankhaus, das eine entsprechende Anzahl von Aktien eines Fremdunternehmens besitzt. Die Bank verkauft nun in Form der Covered Warrants ein Optionsrecht auf diese Aktien.

Das Bankhaus Müller hält 50 000 Aktien der Fahrradfabrik AG. Der Kurs liegt derzeit bei 90 DM pro Aktie. Die Bank befürchtet einen größeren Kursverlust. Daher gibt sie auf die Aktien in ihrem Besitz einen Covered Warrant heraus mit der Frist von einem Jahr, dem Verhältnis 1:1 und dem Bezugspreis von 70 DM. Der Emissionspreis der Covered Warrants liegt bei 20 DM. Fällt nun der Kurs der Aktien der Fahrradfabrik AG auf 60 DM, kann sich die Bank freuen. Sie hat nicht 30 DM verloren, sondern nur 10 DM. (20 DM hat sie über den Verkauf des Optionsscheins erzielt.) Der Inhaber des Optionsscheins wird das Recht nicht ausüben, da er 80 DM für die Aktie bezahlen müsste, die er an der Börse für 60 DM kaufen kann. Steigt der Kurs auf 110 DM, muss die Bank ihre Aktien zwar zu einem Kurs von 80 DM an den Inhaber des Optionsscheins verkaufen, aber sie hat ja bereits 20 DM für den Optionsschein eingenommen. Das heißt sie hat einen rechneri-

schen Verlust gegenüber dem aktuellen Kurs von 10 DM. Für die Bank ist die Rechnung aufgegangen. Sie hat den Kurs der in ihrem Besitz befindlichen Aktien der Fahrradfabrik AG weitgehend gesichert und sich vor großen Kursschwankungen bewahrt.

☞ **Die Optionsscheine werden häufig über Optionsanleihen emittiert. Manches Bankhaus gibt aber auch Covered Warrants heraus.**

⇒ Optionsanleihe: s. Kap. 8, Was ist eine Optionsanleihe? S. 143

Der Markt für Optionsscheine

Nachdem wir gesehen haben, wer Optionsscheine ausgibt, wird in diesem Kapitel die Frage beantwortet, wo der Interessent sie beziehen kann.

Optionsscheine können an den deutschen Börsen wie Aktien gehandelt werden. Hier trifft ebenfalls die allgemeine Unterscheidung zwischen ⇒ amtlichem Handel, geregeltem Markt, Freiverkehr und Telefonhandel zu.

Da die Zulassung zum amtlichen Handel oft mit hohen Kosten und strengen Publizitätsvorschriften verbunden ist, vergleichbar denen des Aktienhandels, bemühen sich auch große Unternehmen häufig nur an einem Börsenplatz um die Zulassung. An anderen Börsen werden die Optionsscheine im Freiverkehr gehandelt.

Auch bei Optionsscheinen gibt es den ⇒ Kassa- und den variablen Markt. Voraussetzung für einen Abschluss im variablen Handel ist eine Mindeststückzahl von 100 Stück. Kleinere Volumina werden zum amtlichen Kassakurs abgerechnet.

Die Kursinformation kann man, wie auch bei Aktien, dem Kurszettel des Wirtschaftsteils entnehmen.

Folgende Informationen stehen zur Verfügung:

Überschrift: Optionsscheine, in Klammern Börsenplatz
Art des Handels: amtlicher Handel
Zwischenüberschrift: Aktienscheine (Basis der Optionsscheine)
Zins: (wenn der Optionsschein aus einer Optionsanleihe hervorgegangen ist) in %
Titel: Aktiengesellschaft
Ausgabejahr: Jahr
Laufzeit: Datum
Kurs: Tageskurs und Kurszusätze.

Optionsscheine (F)
Amtlicher Handel / Geregelter Markt

Aktienscheine

Zins		Laufzeit	12.12.96
8,875	Agab 91	30.11.97	1,00 b
6,5	Allianz Hold. 93	23.2.98	85,60 b
6,5	AVA 89	5.2.99	600,00 B
4,375	Bangkok Bk. 94	19.10.99	
3,75	Bank Austria 94	7.6.99	6,50 b
3	BASF Fin. 86	9.4.01	285,00 b
6,25	Bayer Cap. 87	28.8.97	294,50 b
	Bayernhyp 92	15.7.99	33,50 b
	Bayernhyp 94	15.7.97	27,00 b
	Bayernhyp 94	15.7.98	36,80 bG
7	Berl. El. Hold. 89	1.6.99	40,30 bB
7,5	Berl. El. Hold. 93	30.11.00	110,00 b
	BHF-Bk. 92 B	30.9.99	56,00 b
6,375	BHF-Bk. Fin. 86	30.9.98	15,00 b
	Commerzbank 93	15.12.97	37,50 b
	Commerzbank 94	10.12.99	28,50 bB
6,75	Continental R.87	6.10.97	3,50 b
7,5	Continental 93	6.7.00	85,00 b
	Deutsche Bank 92	30.6.97	22,85 b
8,5	Dt. Verkehrs-Bk. 92	31.1.97	6,50 b
7,5	Dresdner Bk.92	10.12.97	21,00 b
5,375	Dresdner Bk.94	5.1.99	15,00 bG
6,5	Dyckerhoff 95	13.6.00	11,50 -T

Abbildung 15: Darstellung der Optionsscheine im »Handelsblatt«

👉 *Optionsscheine werden an den deutschen Börsen wie Aktien gehandelt. Auch die Informationen in den Kurszetteln entsprechen denen von Aktien.*

⇒ Amtlicher Handel: s. Kap. 6, Amtlicher Handel (Kassakurse), geregelter Markt und Freiverkehr, S. 115
⇒ Kassamarkt: s. Kap. 2, Die verschiedenen Handelsarten, S. 51

Wie kauft und verkauft man Optionsscheine?

Der Kauf und der Verkauf von Optionsscheinen verläuft grundsätzlich analog dem Kauf und Verkauf von Aktien. Optionsscheine werden jedoch als Risikogeschäft gesehen, so dass sich viele Banken eine Haftungsfreistellung unterschreiben lassen, das heißt der Anleger investiert in Optionsscheine auf eigene Gefahr. Die Bank haftet auf keinen Fall für ihre Empfehlungen. Die Banken wollen jedoch ihre Kunden damit auf die besonderen Risiken des Optionsgeschäftes hinweisen.

Ein weiteres Problem besteht darin, dass viele Banken nur Abschlüsse mit 100 Stück und mehr abschließen. Hier muss sich der Anleger überlegen, mit wie viel Kapital er in das Risikogeschäft investieren will.

Die ⇒ Kosten, die beim Handel mit Optionsscheinen entstehen, sind mit denen im Aktiengeschäft vergleichbar: Für Bankgebühren ist 1 % vom Kurswert zu bezahlen, für Maklergebühren 0,1 % des Kurswertes und ggf. fallen noch Spesen an.

Selbstverständlich kann man einen Kauf- und Verkaufsauftrag auch mit Limitvorgaben eingrenzen.

👉 *Kauf und Verkauf von Optionsscheinen ähneln denen von Aktien.*

⇒ Kosten: s. Kap. 4, Was kostet die Aktienanlage? S. 76

Die Technik des Optionsscheingeschäftes

Trotz der vielen Ähnlichkeiten, die das Investment in Optionsscheinen mit dem in Aktien aufweist, sind beide nicht gleichzusetzen. Im Folgenden werden die technischen Einzelheiten erläutert, die den Unterschied zwischen beiden Anlageformen deutlich machen.

Die Attraktivität des Optionsscheins für den Anleger bestimmt sich zu einem großen Teil aus einer fundierten Bewertung. Für diese fundierte Bewertung bieten sich vor allen Dingen drei Kriterien an:

- der innere Wert
- das Aufgeld
- der Hebel

Unter dem *inneren Wert* eines Optionsscheins versteht man die Differenz zwischen dem Börsenkurs des Basisobjekts und dem Basispreis. Er lässt sich relativ einfach bei einem Bezugsverhältnis von 1:1 errechnen. Wenn ein anderes Bezugsverhältnis gegeben ist, muss dieses in die Berechnung entsprechend einbezogen werden.

Der innere Wert errechnet sich nach der Formel:
Optionsverhältnis × (Kurs des Basisobjekts − Basispreis)

Der Optionsschein auf die Aktie der Fahrradfabrik AG kostet in der Emission 20 DM; zur Zeit wird er an der Börse für 24 DM gehandelt. Der Kurs der Aktie liegt derzeit bei 90 DM. Der Bezugspreis beträgt 70 DM. Frist: ein Jahr, Verhältnis: 1:1. Daraus errechnet sich nun der innere Wert:
$1 \times (90-70) = 20$
Der innere Wert liegt in diesem Fall 4 DM unter dem Börsenwert.

Der innere Wert wird auch als der »realistische« Wert bezeichnet. Aus der Differenz zwischen dem Optionspreis und dem inneren Wert ergibt sich der Zeitwert (in unserem Beispiel

4 DM). Im Zeitwert drückt sich die Erwartung an der Börse aus. Je höher er ist, desto höher ist die Überbewertung.

Das *Aufgeld (Agio)* gibt an, um welchen Betrag der Erwerb des Basisobjekts via Optionsschein teurer wäre als der direkte Kauf an der Börse. Es wird nach der folgenden Formel berechnet:

Optionsscheinkurs + Basispreis − Kurs des Basisobjekts

Für obiges Beispiel sieht die Rechnung folgendermaßen aus:
24 + 70 − 90 = 4
Das Aufgeld beträgt 4 DM.

Aus dem reinen Zahlenwert des Aufgeldes kann man noch nicht erkennen, ob eine Investition lohnend ist oder nicht. Dazu benötigt man einen Maßstab, an dem der Wert gemessen wird. Als Maßstab dient die sogenannte Prämie. Die Prämie errechnet sich nach der Formel:

Prämie = Aufgeld: Kurs des Basisobjekts × 100

In unserem Beispiel würde sich die Rechnung folgendermaßen gestalten:
4 : 90 × 100 = 4,44 %

In der Praxis werden die Begriffe Aufgeld und Prämie oft synonym verwendet, obwohl es sich um zwei verschiedene Werte handelt. Für Anleger gilt: Je höher die Prämie, desto uninteressanter ist ein Investment in den Optionsschein.

Das letzte Kriterium, der *Hebel,* gibt an, um wie viel geringer der Kapitaleinsatz beim Kauf des Optionsscheins ist relativ zum Aufwand, der beim direkten Kauf des Basisobjekts entsteht. Der Hebel errechnet sich nach der folgenden Formel:

Hebel = Kurs des Basisobjekts: Kurs des Optionsscheins

Auf unser Beispiel bezogen, ergibt sich die folgende Berechnung:
90 : 24 = 3,75

Der Hebel beträgt 3,75, das heißt man benötigt das 3,75-fache Kapital, um mit einem Direktinvestment in die Aktie den gleichen Ergebniseffekt zu erzielen als mit einem Investment in den Optionsschein.

✏️ **Innerer Wert, Aufgeld und Hebel helfen die Attraktivität eines Optionsscheins zu bewerten.**

Wie lautet die Strategie mit Optionsscheinen?

Genau wie bei Aktien ist auch bei Optionsscheinen die richtige Strategie für den Erfolg wichtig. Jeder Anleger muss sie ganz individuell für sich selbst aufstellen. Es gelten bei Optionsscheinen aber andere Bedingungen als bei Aktien, so dass einige Besonderheiten zu berücksichtigen sind. In diesem Kapitel soll der Leser auf die Besonderheiten aufmerksam gemacht werden, die für das erfolgreiche Geschäft mit Optionsscheinen gelten.

Versucht man Strategien zu formulieren, so sind zwei Komponenten besonders wichtig: zum einen die Marktsituation, zum anderen die Risikobereitschaft des Investors. Da Optionsscheine schnelle Instrumente sind, ist der richtige Zeitpunkt von Kauf und Verkauf bei ihnen noch wichtiger als bei Aktien.

Die Marktgegebenheiten werden in der *antizyklischen* und in der *prozyklischen Anlagestrategie* berücksichtigt. Der Antizykliker kauft Optionsscheine, wenn die Kurse des Basisobjekts möglichst tief gefallen sind. Er verkauft sie wieder, wenn das Kurspotential der Aktie erschöpft zu sein scheint. Der Anleger handelt gegen den Trend und benötigt eine Menge Erfahrung, Tiefst- und Höchstkurse zu erkennen. Allerdings sind dann die Kursgewinne auch relativ hoch. Der Zykliker kauft, wenn bereits ein deutlicher Aufwärtstrend zu erkennen ist, und verkauft, wenn ein Abwärtstrend eingesetzt hat. Hier liegt die Schwierigkeit vor allen Dingen in der Reaktionsschnelligkeit. Man muss in die Trendentwicklung einsteigen, ehe diese zu

Ende ist. Der Zykliker kann die Trends zwar leichter erkennen als der Antizykliker, allerdings ist das Gewinnpotential niedriger.

Anleger mit größerer Risikobereitschaft legen sich Optionsscheine zu den entsprechenden Aktien ins Depot, wenn sie von einer Kurssteigerung überzeugt sind. Durch die Hebelwirkung kann man bei relativ geringem Geldeinsatz einen hohen Gewinnanteil erwirtschaften. Das größtmögliche Risiko besteht im Gesamtverlust der Optionsscheine.

Der Anleger Q hat 1 000 Aktien der Fahrradfabrik AG im Depot. Die Aktien notieren zur Zeit bei 90 DM. Das heißt der Wert des Gesamtdepots beträgt 90 000 DM. Er geht davon aus, dass die Aktienkurse in der nächsten Zeit steigen werden. Um seine Gewinnmöglichkeiten zu erhöhen, verkauft er 100 Aktien, wofür er 9 000 DM erhält. Für diesen Betrag kauft er Optionsscheine auf die Aktie der Fahrradfabrik AG, die zur Zeit an der Börse für 24 DM gehandelt werden. Er erhält für 9 000 DM 375 Optionsscheine. Nach kurzer Zeit steigen die Aktien tatsächlich. Der Kurs der Basisaktie klettert um 10 % auf 99 DM, der Kurs des Optionsscheins (mit einem Hebel von 3,75) um 40 % auf 33,60 DM. Der Anleger verkauft jetzt das gesamte Depot und erzielt aus den Aktien 89 100 DM und aus den Optionsscheinen 12 600 DM, zusammen 101 700 DM. Hätte er nicht in die Optionsscheine investiert, hätte er nur 99 000 DM erwirtschaftet. Bezogen auf die eingesetzten 9 000 DM hätte er ohne Investment in Optionsscheinen einen Gewinn von 900 DM erwirtschaftet, mit dem Investment in Optionsscheinen 3 600 DM, immerhin eine Differenz von 2 700 DM.

Optionsscheine können den Anleger an einem Aufschwung überproportional partizipieren lassen. Allerdings muss man auch einen Verlust einkalkulieren und dann möglichst schnell wieder aussteigen können.

Jetzt einsteigen

Die Vorbereitung

- Sie haben das Buch gelesen.
- Sie haben eine Zeitung abonniert, in der Sie die Kurse verfolgen können. Sie wählen nur solche Aktien aus, die Sie auch in Ihrer Zeitung finden.
- Sie legen sich eine Kauf- und die passende Verkaufsstrategie zurecht.
- Sie üben im Trockenen: Treffen Sie eine Entscheidung, setzen Sie eine fiktive Summe ein und warten Sie ab, was sich daraus entwickelt.
- Sie könnten auch an einem der Börsenspiele teilnehmen, die in regelmäßigen Abständen von Wirtschaftszeitschriften veranstaltet werden.

Sie sind entschlossen?

- Sie suchen sich die Bank, mit der Sie zusammenarbeiten möchten.
- Sie eröffnen bei einer Bank ein Girokonto. Es ist sozusagen Ihre persönliche Bankanschrift.
- Sie bestimmen, wie viel Geld Sie einsetzen wollen.
- Sie analysieren den Aktienmarkt wie im Buch beschrieben und legen sich eine Strategie zurecht. Sie

bestimmen die Aktie, die sie kaufen möchten. Sie überlegen bereits vor dem Kauf, wann Sie die Aktie wieder verkaufen wollen.

Der Aktienkauf

- Sie gehen zu Ihrer Bank, eröffnen ein Depot.
- Sie geben Ihrer Bank den Kaufauftrag.
- Nun haben Sie eigentlich (aus steuerlichen Gründen) sechs Monate Zeit. Sie können den Kurs natürlich auch täglich verfolgen. Sie können sich angewöhnen, die Kurse an Ihrem PC nachzuvollziehen.
Sie überlegen sich, mit welcher Systematik Sie die Entwicklung Ihres Aktiendepots verfolgen.
- Sie konkretisieren Ihre Verkaufsstrategie. Sie sollte die Kaufstrategie ergänzen!
- Sie verfolgen regelmäßig den Kursverlauf. Sie lesen eine Börsenzeitschrift, um noch mehr Hintergrundinformationen zu erhalten.

Gewinne realisieren

- Sobald die gesetzten Verkaufsindikatoren eingetreten sind, verkaufen Sie. Seien Sie dabei konsequent.
- Sie überprüfen Gewinn oder Verlust. Was lernen Sie daraus?
- Sie bereiten sich auf das nächste Investment vor.

Die nächsten Schritte

- Sie investieren zusätzlich in Fonds.
- Sie gehen ein bestimmtes Risiko ein und investieren in Optionsscheine.

Profiwissen für private Geldanleger

Uwe Lang
Der Aktien-Berater
Kritische Einführung für den Anfänger und
ein Rezeptbuch für den Erfahrenen
9., aktualisierte Auflage 1997
190 Seiten mit 35 Abbildungen
und zahlreiche Tabellen

»Der Autor unterscheidet sich wohltuend von den wenigen anderen in dieser Sparte, denn er erzählt keine unglaublichen Geschichten, sondern liefert fundiertes, nachprüfbares Material, aus dem er logisch einsichtige Schlüsse zieht.« *Wirtschaftswoche*

Jürgen Rochlitz
Die individuelle Vermögensplanung
Profiwissen für private Geldanleger
1997. Ca. 270 Seiten mit
diverse Grafiken und Schaubilder

Neben Informationen über alle gängigen Anlageformen und steuerbegünstigte Kapitalanlagen bietet dieser Ratgeber – schon mit Blick auf den Euro – wertvolle Tips und Strategien für die persönliche Finanzplanung.

Campus Verlag · Frankfurt/New York